HEYNE <

W0473497

SAFI NIDIAYE

Die Weisheit der inneren Stimme

Vertrauen Sie Ihrer Intuition

WILHELM HEYNE VERLAG
MÜNCHEN

HEYNE ESOTERISCHES WISSEN

Herausgegeben von Michael Görden
13/9976

Umwelthinweis:
Dieses Buch wurde auf
chlor- und säurefreiem Papier gedruckt.

Copyright © 2001 by Econ Ullstein List Verlag GmbH & Co. KG,
München
Der Wilhelm Heyne Verlag ist ein Unternehmen
der Ullstein Heyne List GmbH & Co. KG
www.heyne.de
Printed in Germany 2003
Umschlaggestaltung: FranklDesign, München
Umschlagillustration: Shivananda Ackermann
Satz: Fotosatz Völkl, Türkenfeld
Druck und Bindung: Ebner & Spiegel, Ulm

ISBN 3-453-87429-3

Inhaltsverzeichnis

Teil II: Intuition im Zusammenhang mit den wichtigsten Lebensbereichen

Teil III: Übungen, Wege, Spiele: Techniken für die Praxis des Intuitionstrainings

Teil IV: Höhere Perspektiven

Einführung: In der die Autorin sich vorstellt

Im Sommer 1992 begann meine innere Stimme, während ich mich in einer Lebenskrise befand, auf meine drängenden Fragen hin in klaren, wohl geordneten Sätzen zu mir zu sprechen und mir Anweisungen zu geben, die mir nicht nur halfen, die Krise zu meistern, sondern in allen Angelegenheiten des Lebens eine höhere Perspektive einzunehmen. Die Botschaften dieser inneren Stimme und die persönlichen Kämpfe und Siege, die ich durchzustehen hatte, um sie in die Praxis umzusetzen, habe ich in meinem Buch »Den Weg des Herzens gehen« dokumentiert.

Bis zu dem Zeitpunkt, da dieser »Lehrgang« begann, hatte ich die innere Stimme, wie die meisten Menschen, in Bezug auf die Dinge meines eigenen Lebens nur als etwas erlebt, das unvorhergesehen und unsteuerbar auftaucht und blitzartig wieder verschwindet. In den Monaten, die dem Lehrgang vorangingen, hatte ich mich allerdings intensiv darauf trainiert, meine innere Stimme wahrzunehmen und ihr zu folgen. Vielleicht war es auf diese Vorbereitung zurückzuführen, dass eines Tages dieser Durchbruch stattfand und ich die innere Stimme bei Bedarf anrufen und Antworten von ihr erhalten konnte, die als fertig formulierte Gedanken in meiner Wahrnehmung auftauchten.

Was meine Arbeit für andere Menschen betraf, so war ich allerdings schon seit vielen Jahren darauf spezialisiert, Intuition – intuitives Wissen – bei Bedarf und Anfrage, sozusagen auf Knopfdruck, fließen zu lassen. 1988 hatte ich begonnen, mediale Fähigkeiten zu manifestieren, indem ich Informationen übermittelte, die von höheren Ebenen des Bewusstseins stammten – von einem höheren Selbst als dem, mit dem wir uns für gewöhnlich identifizieren. Drei Bücher kamen auf diese Weise zustande: »Liebe ist mehr als ein Gefühl«, »Neues Wissen, neues Denken für eine bessere Zukunft« und »Führung durch Intuition« sowie die Audiokassetten »Liebe, Leben, Partnerschaft«. Es waren nicht Botschaften von Verstorbenen oder sonstigen Geistwesen, die ich kanalisierte, sondern Informationen, die einer Ebene meines Bewusstseins entstammten, die sozusagen überpersönlich war, zeitlos, raumlos und über einen Überblick verfügend, der es ihr ermöglicht, Antworten von sehr grundsätzlicher Natur und großer Tragweite zu geben. Ich nenne dieses Wissen intuitives Wissen, denn es kommt meiner Auffassung nach aus derselben Quelle wie die alltägliche Intuition (wie ich im zweiten Teil genauer ausführen werde); es ist ein Wissen, das man, wenn man damit in Berührung kommt, irgendwie wieder erkennt, das einem vertraut ist; es ist, als hätte man es immer schon gewusst, und man wundert sich darüber, dass man nicht eher darauf gekommen ist. Das liegt daran, dass wir alle dieses unmittelbare innere Wissen in uns tragen und es als Wahrheit wieder erkennen, wenn jemand anders es formuliert. Wenn dieses innere Wissen im eigenen Kopf auftaucht und sich auf eigene Probleme bezieht, findet zwar dieses Wiedererkennen im ersten Moment auch statt – man weiß, dass man weiß –, aber blitzschnell schaltet sich der Verstand mit seinen Zweifeln und Gegenargumenten ein, und man ist verwirrt und weiß nicht mehr, was Wahrheit ist und was nicht.

An dieser Unterscheidung habe ich in den Jahren meiner Tätigkeit als Meditationslehrerin und Seminarleiterin intensiv gearbeitet, sowohl bei mir selber als auch bei den Menschen, die in meine Gruppen und Kurse kamen.

Die Ergebnisse dieser Arbeit möchte ich Ihnen in diesem Buch zur Verfügung stellen.

Ich habe den Kapiteln im ersten Teil des vorliegenden Buches ausnahmsweise Zitate aus meinen eigenen Büchern vorangestellt, und zwar solche Zitate, deren Quelle die Intuition selber ist und die deshalb die sachlichen Informationen, die ich in diesem Buch gebe, durch eine andere Perspektive und eine inspirierte, oft poetische Sprache ergänzen, die andere Wesensschichten anspricht als den Verstand.

Ich habe übrigens auch ein Märchen (»Amixipi«) geschrieben und hatte beim Schreiben eigentlich nichts anderes im Sinn, als etwas Schönes für einen geliebten Menschen zu schreiben; nachdem es fertig war, stellte sich jedoch heraus, dass dieses Märchen auf seine kindlich-poetische Art ein Leitfaden für ein Leben unter Führung der inneren Stimme ist.

Die innere Stimme ist mein roter Faden. Zu irgendeinem Zeitpunkt habe ich, wie viele Menschen in unserer Zeit, beschlossen, an diesem roten Faden entlangzuleben, was auch immer ich tue. Ich kann mich an den genauen Zeitpunkt nicht erinnern, aber das ist in diesem Zusammenhang unwichtig. Ich habe mich auf viele Weisen darin geübt, meine innere Stimme und mein intuitives Wissen wahrzunehmen und anzuwenden; in meiner Arbeit mit meinen eigenen Problemen und denen anderer Menschen, in meiner Art zu singen und Musik zu machen (ich bin auch Sängerin), in meiner Art, Bücher zu schreiben. Jüngstes Ergebnis des Bücherschreibens ist »Die Stimme des Herzens«, ein Buch, in dem ich Inspirationen aufgeschrieben habe, die ich zu den Lebensfragen erhielt, die uns alle beschäftigen. Nicht immer gehe ich den Weg, den die innere Stimme mir weist. Wenn ich es nicht tue, finde ich heraus, was mich daran hindert, und kümmere mich um dieses Hindernis. Ich habe herausgefunden, wie ich mit solchen Hindernissen umgehen, ja, sie nutzen kann, um in tieferen Kontakt zu mir selbst und zu meiner Intuition zu gelangen.

Über all dies werde ich in diesem Buch berichten und darüber hinaus viele neue Möglichkeiten präsentieren, mit der Intuition zu leben, zu spielen, zu wachsen und zu tanzen – Möglichkeiten, die die innere Stimme mir eingibt.

Teil I

Intuition und innere Führung

Einladung an den Geist der Führung

Nur bei Mir
findest du Rat.
Komm zu Mir!
Nur bei Mir ist Schutz
und Heilung.
Höre auf Mich!
Ständig rufe Ich dich.
Ich rufe dich, wenn es Zeit ist zu gehen,
wenn es Zeit ist, den Film abzuschalten,
das Gespräch abzubrechen,
dich zu verabschieden.
Höre auf Mich!

AUS: DEN WEG DES HERZENS GEHEN

Wir alle sind mit einem inneren Kompass geboren. So verlassen wir uns auch manchmal fühlen mögen, so ausweglos Situationen bisweilen erscheinen – es gibt immer eine Instanz in uns, die weiß, wo es langgeht. Wir sind nie von allen guten Geistern verlassen. Zumindest einer ist immer bei uns, der uns sichere und vollkommene Führung gibt, wann immer wir auf ihn hören: der Geist der Führung. Wir können ihn rufen, wir können ihn einladen, sich in unserem Leben zu manifestieren, wir können ihn um Hilfe bitten, wenn wir in der Klemme stecken. Er ist immer da, versucht sich ständig bemerkbar zu machen, aber wir müssen auch auf Empfang schalten und seine Stimme hören.

Und nicht nur das: Horchen allein reicht nicht, wir müssen auch gehorchen. Das gehört zusammen wie einatmen und ausatmen. Stellen Sie sich beim Einatmen vor, Ihre Aufmerksamkeit nach innen zu richten, um zu hören, was die innere Stimme sagt; und beim Ausatmen, wie Sie das, was sie gesagt hat, in die Tat umsetzen.

Der Geist der Führung ist kein Wesen, das außerhalb von uns existiert; er ist eine Dimension unserer selbst, eine Dimension, die in jedem Menschen und jedem Tier existiert (beim Tier nennen wir es Instinkt). Es ist das innere Wissen, das in uns schlummert, stets vorhanden und stets vollkommen, jedoch nur aktualisiert und spezifiziert, wenn es gebraucht wird. Dann taucht es in unserem Bewusstsein auf als Ahnung, Eingebung, Intuition, Offenbarung, innere Führung: als die »innere Stimme«. Handeln wir so, wie diese Stimme es vorschlägt, dann handeln wir im Einklang mit unserem inneren Wissen, also mit uns selbst. Das allein macht schon glücklich – ganz gleich, wie die Resultate sein mögen.

In diesem ersten Kapitel ziehe ich es allerdings vor, diese Instanz zu personalisieren und vom Geist der Führung wie von einem Extrawesen zu erzählen. In den weiteren Kapiteln wird noch oft genug nüchtern und sachlich von »innerer Stimme« und »Intuition« die Rede sein. Aber weil es schöner, poetischer, zauberhafter ist, sich die innere Führung als eine Art Person, eine geistige Wesenheit vorzustellen, stelle ich sie in diesem einleitenden Kapitel als den »Geist der Führung« vor. Außerdem ist diese Sichtweise mehr als eine esoterische Träumerei. Sie entspricht einer Realität. Denn die Natur unserer inneren Führung hat zwei Aspekte, ebenso wie die physikalische Grundnatur unserer Realität zwei Aspekte hat – nämlich eine wellen- und eine teilchenartige Natur: Einerseits ist inneres Wissen eine Dimension, die in jedem Wesen latent vorhanden ist und gelegentlich aktiviert wird – eine völlig unpersönliche Definition; aber mit ebenso viel Recht kann man den Geist der Führung als eine Wesenheit betrachten, die man sozusagen persönlich ansprechen kann. Probieren Sie es aus. Sie werden sehen, dass sie antwortet. Genauso können wir uns Gott einerseits als eine völlig unpersönliche Realität vorstellen und andererseits als ganz und gar persönlich, als ein Wesen, mit dem wir in einen intimen Dialog treten und dessen Liebe und Gegenwart wir spüren können. Auch uns selber können wir unter diesen zwei Aspekten betrachten: Zum einen sind wir die fest umrissene Person, als die uns zu sehen wir gewohnt sind; aber zugleich, aus einem anderen Blickwinkel, sind wir etwas völlig Unpersönliches – ein (vorübergehender) Zustand der Gesamtrealität, ähnlich einer Welle im Ozean.

Sprechen wir ihn also persönlich an, den Geist der Führung. Vielleicht sollten wir ihn mit einem feierlichen Ritual in unser Leben einladen, zu Beginn dieses Buches, das von ihm und von unserer Beziehung zu ihm handelt. In der hebräisch-arabischen Tradition trägt er den Namen Chidr. Wanderern, die sich in der Wüste verirrt hatten, pflegte er der Überlieferung zufolge als grün leuchtende Gestalt zu erscheinen. Der Prophet Elias soll eine seiner Verkörperungen gewesen sein.

Nennen wir ihn also Chidr? Oder Elias? Oder Geist der Führung? Engel der Intuition? Innerer Wegweiser? Womit schmücken wir unseren Altar, unseren Meditationsplatz oder unseren Tisch, wenn wir ein Fest zu seinen Ehren veranstalten? Vielleicht mit einer grünen Kerze? Mit einem kleinen Wegweiser als Symbol? Vielleicht sehnen Sie sich nach Führung in einer bestimmten Angelegenheit und möchten einen Zettel mit dem Namen dieser Angelegenheit oder ein Symbol, das sie darstellt, dazulegen. Ich glaube, der Geist der Führung mag am liebsten einen schlichten, reinen, klaren Altar. Vielleicht nehme ich einfach ein weißes Tuch und eine grüne Kerze (zu Ehren Chidrs, des Grünen), und wenn ich dann auf die weiße Fläche schaue, stelle ich mir vor, dass das Leben, das noch vor mir liegt, wie diese weiße Fläche ist, wie Neuschnee – rein, glitzernd, jungfräulich, ohne Fußspuren, ohne Markierungen; und die Flamme der grünen

Kerze soll das Licht der inneren Führung repräsentieren, das in mir leuchtet.

Und ich sehe mich fortan jeden neuen Tag betreten wie Neuschnee, wie ein Abenteuer in unbekanntem Land, mit keinem anderen Wegweiser als meinem inneren Licht – dem Licht des in mir schlummernden Wissens, das sich danach sehnt, zu erwachen, sich formieren zu dürfen zu einem Gedanken, einer Vorahnung, einer Gewissheit, einem freudig staunenden »Aha!« und ein Leben, einen Weg, ein Schicksal in vollkommener Eleganz und Sinnhaftigkeit zu gestalten – das meine.

Was für ein wunderbarer Weg.

An dieser Stelle wird mein poetischer Schwung gebremst durch einen Gedanken, der bei manchem Leser hier auftauchen mag: »Aber das ist alles nicht so einfach. Neuschnee schön und gut, aber wir sind nun mal vorprogrammiert, und ein Großteil unseres Lebens ist verplant ... Bevor ich konsequent den Weg der inneren Stimme beschreiten kann, muss ich erst aufräumen und mich von all den Denkgewohnheiten, von meinen Ängsten, überhaupt von allen kollektiven Überzeugungen befreien, ganz zu schweigen von meinen Verhaltensmustern ... von all dem Ballast, den ich mit mir herumschleppe und der mich daran hindert, frei und schnell und leicht jederzeit der ›Wahrheit des Augenblicks‹[1] zu folgen ...«

Halt, halt. So geht das nicht. Es ist viel einfacher. Es ist eine Sache des Augenblicks, keine Sache der Grundsätzlichkeiten. Tun wir einfach jetzt, in diesem Augenblick, das, was mit unserem innersten Gefühl übereinstimmt. Wir können natürlich damit auch warten und uns erst einmal damit aufhalten zu versuchen, den ganzen »Ballast« wegzuräumen und zu denken: »Ich kann diesen Weg jetzt noch nicht gehen, weil ...« Es gibt viele Weils, und sie machen es uns sehr, sehr schwer. Der Ballast – damit meine ich all das, worin wir seit Jahren oder seit jeher von der Wahrheit des Augenblicks abweichen, nebst dem, was das an innerem Leid, Unwohlsein und Schuld nach sich zieht – kann immer größer und schwerer werden, je mehr wir uns mit ihm beschäftigen, um ihn loszuwerden oder aufzuräumen. Möglicherweise funktioniert das auch gar nicht, weil wir dabei nämlich von einem falschen Konzept ausgehen: von der Vorstellung, es gäbe irgendetwas loszuwerden, aufzuräumen, zu überwinden und so fort.

Lassen wir das alles doch einfach so sein, wie es ist – lassen wir uns selber so sein, wie wir sind, und tun schlicht und einfach jetzt, in diesem Augenblick, das, wovon wir spüren, dass es in diesem Augenblick getan werden will. Welch eine Leichtigkeit! Wie glücklich dieses Handeln macht! Selbst dann, wenn es mit Risiko verbunden ist, ja sogar dann, wenn es tatsächlich einmal ein unerfreuliches Resultat nach sich ziehen sollte, hinterlässt diese Art des Handelns ein Gefühl von Zufriedenheit, Vollendung und Leichtigkeit, weil wir mit ihm unserem inneren Wissen folgen und somit im Einklang mit uns selber sind. Solche »makellosen« Handlungen ziehen auch keinen neuen Ballast nach sich. Man ist mit sich im Reinen. Das Resultat wird weniger wichtig.

Trotzdem wird es Sie vielleicht beruhigen zu hören, dass ich in den allermeisten Fällen, in denen ich meiner inneren Stimme unverzüglich und anstandslos gefolgt bin, mit Resultaten belohnt wurde, die in jedem Sinne des Wortes wunderbar waren.

Der Geist der Führung ist schließlich kein Stümper.

Ein wenig Theorie zu Beginn: Wieso gibt es eigentlich eine innere Stimme, die immer Bescheid weiss?

»Aber das ist doch ganz einfach«, sagte Amixipi. »Ich sehe die Menschen, und dann sehe ich ihren Namen! Sie sind ihr Name, sie gehen wie ihr Name … Ich weiß gar nicht, wie ich dir das erklären soll. Hast du das denn nicht gelernt?«
»Nein«, sagte Tinji verwundert. »Bei uns heißt ›lesen‹ etwas anderes. Wenn du wissen willst, wie ich heiße, muss ich dir meinen Namen sagen, oder ich muss ihn auf Papier schreiben, damit du ihn lesen kannst.«
»Wie umständlich!«, rief Amixipi. »Du scheinst aus einer umständlichen Welt zu kommen.«

AUS: AMIXIPI

Es gibt verschiedene Arten, Wissen zu erlangen. Erstens durch Interpretation von Sinneseindrücken: Wir sehen, hören, lesen, erleben etwas und verarbeiten das gemäß der Programmierung unseres Denkapparats (man weiß durch Erfahrung). Zweitens durch einen Prozess oder Blitz der Erkenntnis, einen inneren Akt der Intelligenz (Aha-Effekt: Man weiß durch Erkenntnis). Drittens, indem wir etwas werden, und dadurch, dass wir es werden, wissen, dass wir es sind. Zum Beispiel wissen wir nicht, dass wir stark sind, bis wir Stärke in uns entwickelt und in unserem Leben erprobt haben (man weiß durch Sein). Viertens gibt es unmittelbares Wissen. Es leitet sich von nichts her – nicht von Erfahrung, nicht von Erkenntnis, nicht von dem, was man geworden ist: Es ist einfach da (man weiß einfach so).

Von unmittelbarem Wissen handelt dieses Buch.

Intuition, innere Stimme, Offenbarung – all dies sind Namen für ein und dasselbe: das in uns allen latent vorhandene, aber selten bewusst wahrgenommene und noch seltener genutzte unmittelbare Wissen. Die Begriffe »Eingebung« und »Inspiration« habe ich hier nicht eingegliedert, weil sie andere Implikationen enthalten, je nachdem, wie der Mensch, der sie verwendet, sie versteht. Eingebung kann möglicherweise einer anderen Quelle entstammen als dem eigenen Draht zum »Ozean des Wissens«[2] (nämlich auf telepathischem Wege vom Bewusstsein eines anderen Menschen oder Geistwesens aufgefangen sein), ebenso Inspiration, wobei Inspiration noch wesentlich mehr bedeutet, als einfach eine Eingebung zu haben. Inspiriert zu sein bedeutet zugleich beflügelt, begeistert, beschwingt zu sein.

Intuition, so wie ich sie auffasse, ist übrigens nicht dasselbe wie paranormale Wahrnehmung. Hellsehen, Hellhören, Hellfühlen, Telepathie und Präkognition (Vorauswissen) finden sozusagen auf einer horizontalen Linie statt, Intuition auf einer vertikalen. Paranormale Wahrnehmung bezieht sich auf dieselbe Ebene wie normale Wahrnehmung.[3] Es ist die Fähigkeit, etwas wahrzunehmen, was sich innerhalb unserer raumzeitlichen physischen Realität abspielt, jedoch jenseits der Reichweite unserer physischen Sinnesorgane liegt. Intuition hingegen kommt von oben, das heißt von einer höheren Ebene unseres Bewusstseins, die jenseits der physischen Realität liegt.

Religiös betrachtet kann man es so ausdrücken: Intuition ist die Stimme Gottes. Er (beziehungsweise Sie) kennt und berücksichtigt deine Wünsche (wie Gott in Neale Donald Walschs »Gespräche mit Gott« sinngemäß sagt: »Ich wäre ein schlechter Gott, wenn ich nicht für euch das wünschen würde, was ihr euch für euch selber wünscht«) und macht dich immer und überall auf die optimale Möglichkeit aufmerksam. An dir ist es zu entscheiden, ob du dieser Führung folgst oder eine andere Möglichkeit wählst – wogegen Gott absolut nichts hat; im Gegenteil, Er/Sie wünscht sich nichts so sehr, als dass du ausgiebig von deinem freien Willen Gebrauch machst und mit deinen kreativen Möglichkeiten experimentierst; nur da Er/Sie unter allen Möglichkeiten die optimale für dich (die zugleich die optimale für das Ganze ist) herausgesucht hat, ist jede andere etwas weniger gut, was bedeutet, dass der Weg zu deinem Ziel hier nicht so gerade und reibungslos verläuft, als wenn du der inneren Stimme folgst.

Das ist eine religiöse Auffassung, die, so wie sie formuliert ist, den Schluss nahe legt, Gott sei jemand anders als wir selbst. Man kann es auch anders betrachten. In allem, was ist, lebt und webt ein und dieselbe Intelligenz. Es gibt nicht Intelligenzen, sondern nur eine Intelligenz. Sie hat alles geschaffen, was ist; besser gesagt, sie manifestiert sich in allem, was ist; und indem sie sich manifestiert, entdeckt und erkennt sie sich; und indem sie sich entdeckt und erkennt, entfaltet sie sich, entwickelt, organisiert sie sich. Diese eine Intelligenz denkt in Ihrem und in meinem Gehirn und im Gehirn Ihres Hundes oder Ihrer Katze; sie erlebt sich als Baum und als Schneeflocke, als Mensch und als Sonne, als Glühwürmchen und als Sternenstaub. Die Intelligenz des Universums, die göttliche Intelligenz.

Und je nachdem, als wer oder was sie sich erlebt, denkt sie auf diese oder jene Weise.

Der Teil dieses einen und einzigen Bewusstseins, der sich als Mensch erfährt und sich vollends mit einer körpergebundenen Persönlichkeit identifiziert, erlebt die Realität von diesem Standpunkt aus, aus der Perspektive, die seine Sinnesorgane ihm vermitteln, und auf die Art, wie er gelernt hat, seine Wahrnehmung zu interpretieren. Jener Teil des Bewusstseins jedoch, der zwar weiß, dass er Mensch ist, jedoch zugleich seiner Unendlichkeit und seines Einsseins mit allem und jedem gewahr ist – dieser Teil ist sich der Gesamtheit der Realität bewusst.

Dies ist der wissende Teil unserer selbst – der Teil, von dem unser »inneres Wissen« stammt, die innere Stimme, die Intuition.

Ich möchte diesen Überlegungen zum Ursprung der Intuition eine weitere Dimension hinzufügen durch das folgende Gedankenspiel.

Wir sind gewohnt, uns in unserem Denken in einer Richtung zu bewegen, in der Richtung, in der unserer räumlich-zeitlichen Erfahrung nach die Zeit sich bewegt: Erst war da die Vergangenheit, dann kommt die Gegenwart, dann kommt die Zukunft. Anstatt den Ursprung aller Dinge in der Vergangenheit zu sehen, könnte man ihn jedoch – experimenthalber – auch in der Zukunft sehen. Nun würde man die Dinge nicht von ihrer Ursache herleiten – die in der Vergangenheit liegt –, sondern von ihrem Zweck, der in der Zukunft liegt. Nehmen wir an, der Zweck der gesamten Schöpfung, der nach dieser Betrachtung der Ursprung aller Dinge ist, sei so etwas wie manifestierte Vollkommenheit und vollkommene Manifestation. Alles hat sich zu seiner Vollkommenheit entfaltet und befindet sich an seinem richtigen Platz. Der Moment der Zeit, in dem wir uns heute befinden, ist eine Phase irgendwo auf dem Weg dahin. Wer sagt uns, wie wir unser Ziel erreichen? Wie wir unseren Zweck erfüllen? Besser gesagt, wie wir den Zweck des Universums durch unser Leben mit erfüllen, indem wir uns in optimaler Weise auf die vollkommene Entfaltung am richtigen Platz in der vollkommenen Ordnung der Dinge hin bewegen? Unser Instinkt. Unsere innere Stimme. Die Intelligenz der Evolution, die aus der Zukunft kommt und ihren Ursprung im vollkommenen Zweck hat.

Nun habe ich das Vorhandensein der inneren Stimme erklärt, indem ich teils Erfahrungswissen, teils rationales und spekulatives Denken und teils während des Schreibens gewonnene Erkenntnis wiedergegeben habe. Sollte ich mit Begriffen der vierten der eingangs erwähnten Kategorien, des unmittelbaren Wissens selbst, erklären wollen, wieso es eine allwissende Instanz in unserem Innern gibt, so wäre das unmöglich, denn unmittelbares inneres Wissen leitet sich nicht von irgendetwas her, und deshalb gibt es keine Erklärungen dafür. Ich könnte nur sagen: Ich weiß es eben.

Ich kann allerdings – jetzt, da ich dies schreibe – meinen »Kanal« zur Quelle des intuitiven Wissens einschalten und sie bitten, sich selber dazu zu äußern. Frage an oben also: Wie kommt es, dass es in unserem Geist eine Instanz gibt, die über alles Bescheid weiß – auch über Dinge, über die kein Mensch natürlicherweise Bescheid wissen kann?

Es taucht die folgende Gegenfrage auf, die einen kleinen Dialog mit meiner inneren Stimme einleitet, den ich im Folgenden wiedergebe.

Warum stellst du diese Frage?

Weil ich glaube, dass die Leser das wissen wollen.

Glaubst du im Ernst, dass irgendjemand das wissen will? Ist es nicht eher so, dass jeder das weiß?

Jetzt bin ich verwirrt. Wenn jeder das weiß, wieso schreibe ich dann dieses Buch?

Wieso schreibst du es?

Weil es ein Thema ist, über das ich Bescheid weiß. *(Lächeln.)* Weil ich meine Erkenntnisse, Erfahrungen und das intuitive Wissen, das ich dazu bekommen kann, teilen will.

Und was noch?

Weil ich vom Bücherschreiben lebe. Weil ich über irgendetwas schreiben muss. Also schreibe ich über das, worüber ich etwas zu sagen habe. Zufrieden?

Nicht ganz. Du hast dein Herz nicht befragt. Wieso schreibst du dieses Buch?

Einen Augenblick. Wenn ich mein Herz frage … Ich

glaube, ich schreibe es dir zuliebe … der inneren Stimme, dem Geist der Führung zuliebe. Da ist eine Ahnung von Liebe … Um dem, was da von dir kommt, mehr zum Durchbruch zu verhelfen …

Das klingt schon mehr nach innerer Wahrheit. Siehst du, wie sehr du es verlernt hast, dein Herz einzuschalten?

Ich sehe es mit Schrecken.

Und ist es nicht ganz einfach?

Ja, es ist einfach. Ich werde daran denken. Aber noch mal zurück zum Thema dieses Buches

Das ist das Thema dieses Buches …

Ich meine, zu meiner Frage. Zu der Frage, die ich stellen wollte, um zu demonstrieren, was das innere Wissen zur Frage sagt, wieso es inneres Wissen gibt.

Eine ulkige Frage.

Ja, ich merke es. Ich lasse mal die Fragerei beiseite … Vielleicht gibt es ja etwas, das du selber darüber mitteilen willst.

Es gibt einiges. Schreibe einfach dein Buch und achte auf das, was ich dir eingebe: auf deine innere Stimme.

Ich gebe diesen Dialog hier wieder (obwohl er mir etwas peinlich ist, da mein Part ein wenig dümmlich wirkt), weil er in Kurzform genau das sagt, worum es geht. Frag nicht lange, handle – und handle so, wie die innere Stimme es dir eingibt.

Nähern wir uns der Praxis.

Annäherung an die Praxis: Woran man erkennt, dass eine innere Stimme *die* innere Stimme ist, und wie sie sich von anderen Gedanken unterscheidet

»Puh«, machte Tinji. »Ich hatte gleich so ein dummes Gefühl. Aber ich wusste nicht, dass es wichtig war.«
»Dumme Gefühle sind immer wichtig«, sagte Amixipi.

AUS: AMIXIPI

Woran erkennt man Intuition?

Diese Frage ist schwerlich auf eine Weise zu beantworten, die den analytischen Verstand zufrieden stellt. Das liegt in der Natur der Sache. Inneres Wissen ist inneres Wissen, und wenn es auftaucht, weiß man einfach, ohne zu wissen, woher man weiß. Es ist eine Frage, die in für Sie zufrieden stellender Weise nur aus der Praxis heraus beantwortet werden kann – das heißt, ich kann Ihnen aus meiner Praxis vermitteln, wie Sie üben können, Ihre innere Stimme zu erkennen, und indem Sie üben und dann herausfinden, wie es geht, geben Sie sich Ihre eigene Antwort.

Immerhin lässt sich einiges sagen, was Licht auf die Frage wirft. Intuition, so sagte ich im vorigen Kapitel, ist unser unmittelbares Wissen. Jedes andere Wissen leitet sich von etwas her – einem Sinneseindruck, einer Erfahrung, einem Erkenntnisprozess; Intuition ist unmittelbar, und weil sie unmittelbar ist, braucht sie keine Zeit, um sich zu formieren. Mit anderen Worten: Sie ist der erste Gedanke. Das ist allerdings nicht unbedingt zeitlich gemeint, jedenfalls nicht in Begriffen der linearen Zeitfolge, die wir kennen; es ist eher gemeint im Sinne von »der ursprüngliche Gedanke«, der primäre Gedanke. Oft ist es jedoch auch in zeitlichem Sinne der erste Gedanke.

Die innere Stimme ist also die erste Stimme. Da dies nicht im zeitlichen Sinne gemeint ist, sich aber meistens mit der Zeitabfolge deckt, so nützt dieser Ansatzpunkt zwar in einigen, aber nicht in allen Fällen. Ein Beispiel: Sie wünschen sich dringend eine Urlaubsreise. Ihr erster Gedanke, der sofort und unerwartet, noch bevor Sie anfangen nachzudenken, auftaucht, ist: Korfu. Sie wischen den Gedanken vielleicht fort, weil Sie noch nie auf Korfu waren; Sie denken über Italien nach, über die Kanarischen Inseln oder über eine Reise nach Rügen ... Sie kommen zu keiner Entscheidung. Sie sind unschlüssig und verwirrt, und während Sie versuchen, das Durcheinander in Ihrem Kopf zu sortieren, fällt Ihnen ein, dass Ihr erster Gedanke Korfu war. Vielleicht folgen Sie diesem Hinweis und erleben einen wunderbaren Urlaub. Hier ist es klar, dass der erste Gedanke die innere Stimme war. Es war der Gedanke, der sofort auftauchte, als Ihr Geist sich auf das Thema Urlaubsreise fokussierte.

In anderen Fällen taucht eine Intuition plötzlich und unerwartet mitten aus einem Meer von Gedanken auf, und man kann nicht sagen, dass sie zeitlich der erste Gedanke war. Könnte man seine Gedanken in Zeitlupe zurückverfolgen und durch alle Schichten hindurch mit der Lupe analysieren, würde man allerdings wahrscheinlich herausfinden, dass genau diese Intuition als latentes Wissen – als Ahnung – die ganze Zeit über im Hintergrund vorhanden gewesen ist und dass, angeregt durch welchen Gedanken oder Eindruck auch immer, Ihr Geist eben erst in jenem Augenblick auf sie aufmerksam geworden ist.

Es reicht also nicht, einfach zu sagen: »Die innere Stimme ist der erste Gedanke«, aber es ist ein erster hilfreicher Hinweis. Zweitens handelt es sich, wie am Anfang erwähnt, um ein Wissen, das sich von nichts herleitet. Alles, was auf Argumenten und Erklärungen basiert, ist nicht Intuition. Dieses Kriterium alleine reicht allerdings auch nicht aus, um im Zweifelsfall die innere Stimme von anderen Gedanken unterscheiden zu können; denn es kommt durchaus vor, dass die innere Stimme uns zu einer Möglichkeit rät, für die sehr wohl auch vernünftige Gründe sprechen – nur dass sie sich eben nicht aus diesen Gründen herleitet.

Auch dies ist also kein hieb- und stichfestes Kriterium, aber immerhin ein hilfreicher Ansatzpunkt. Nehmen Sie die beiden zusammen:

- Die innere Stimme ist der erste Gedanke (oder der ursprüngliche Gedanke, der vielleicht nicht zeitlich als erster wahrgenommen wurde, aber als Ahnung die ganze Zeit vorhanden war).
- Intuition ist ein Wissen, das sich aus nichts herleitet, sondern einfach da ist; man weiß, aber man kann nicht sagen, woher man weiß,

und Sie haben schon alle theoretischen Hinweise, die ich Ihnen geben kann, beisammen.

Man kann den Vorgang »Auftauchen der inneren Stimme« allerdings noch genauer analysieren.

Bevor unmittelbares Wissen – Wissen, das von innen kommt – Form annimmt, indem es sich in Gedanken entfaltet und zu Worten gestaltet, ist es auch schon vorhanden, nur eben noch nicht gestaltet, noch nicht formuliert – sozusagen als Essenz. Sie haben das bestimmt schon erlebt, wenn Sie etwas wussten, aber es nicht ausdrücken konnten. Der Gedanke ist nicht die Essenz, sondern die Form dieses Wissens. Die Essenz hat keine Form (ist nicht/noch nicht ausgedrückt). Die erste Etappe nun auf dem Weg zu ihrer Formwerdung/Formulierung ist das, was wir »Gefühl« nennen. Gefühl nicht im Sinne von

Emotion, sondern als unmittelbares, noch nicht in Worte gekleidetes Wissen. »Ich fühle, dass es so ist.« – »Ich habe ein gutes Gefühl.« Dieses »Fühlen« ist die direkteste Art, etwas zu erfassen. Man erfasst es nicht nur mit dem Kopf (als Gedanke), sondern gewissermaßen mit seinem ganzen Wesen, einschließlich dem Körper.

Erst taucht also das unmittelbare Wissen in unserem Bewusstsein als »Gefühl« auf, und dann formiert es sich zu einem Gedanken, manchmal auch zu einem Bild. Auch diese Abfolge ist nicht unbedingt im zeitlichen Sinne zu verstehen; es kann sein, dass all dies gleichzeitig geschieht und dass wir, wenn wir nicht genau hinsehen, nur den Gedanken wahrnehmen.

Den ersten Zustand – den des noch nicht Form gewordenen Wissens – habe ich sozusagen in Zeitlupe in den ersten Monaten meiner medialen Tätigkeit erlebt. Nachdem ich in eine leichte Trance gegangen war – genau genommen in einen Zustand, in dem meine Gedanken und Überzeugungen ausgeblendet waren und der Geist still und leer war –, tauchte oft in mir als Erstes das Gefühl auf zu *wissen*. Es war, als ob ich wüsste, ohne zu wissen, was ich weiß. Wenn dann eine Frage gestellt wurde, konnte ich wahrnehmen, dass die Antwort als Wissen in mir vorhanden war, bevor ich sie – oder sie sich in mir – formulierte.[4]

Im Alltag haben wir im Allgemeinen nicht die Gelegenheit, das Auftauchen der inneren Stimme auf diese Weise in Zeitlupe zu beobachten. Alles, was wir tun können, ist, uns vorzunehmen, die innere Stimme zu erkennen und dann geduldig zu üben, sie wahrzunehmen und ihr zu gehorchen. Dennoch kann die Lektüre dieser grundlegenden Erklärungen Ihnen helfen, Ihren Geist feiner auf das Thema einzustellen, sodass es Ihnen in der Praxis des täglichen Übens leichter fällt, Ihre innere Stimme wahrzunehmen und zu erkennen, wenn sie sich meldet.

Die innere Stimme taucht also auf:

- als Gefühl,
- als unmittelbarer (von nichts hergeleiteter) Gedanke,
- als die ganze Zeit unter dem inneren Dialog existierende Ahnung.

Manchmal »externalisiert« sie sich und kommt von außen auf uns zu: als Schlagzeile, die uns in der Zeitung »anspringt«; als Horoskop des Tages; als Bemerkung eines Mitmenschen. Wenn das der Fall ist, erkennen wir es spontan. Allerdings ist es dem Wahrnehmen der inneren Stimme eher abträglich, wenn wir anfangen, uns auf solche Zeichen zu fixieren und alle eingehenden Informationen nach ihnen abzusuchen.

Wie man der inneren Stimme den Weg bereiten und sich selber auf Empfang schalten kann

»Gehen wir«, sagte Amixipi.
»Wohin?«
»Einen Schlafplatz suchen.«
»Wo denn?«
Amixipi musste lachen. »Wir sagen es unseren Füßen, und die tragen uns zu einem schönen Platz!«

AUS: AMIXIPI

Ich machte Urlaub. Ich hatte mir eine Woche freigegeben, um mich zu erholen, um die Gegend, in die ich gezogen war, zu erforschen, und um es mir rundherum gut gehen zu lassen. Ich fuhr hierhin und dorthin, auf der Suche nach schönen Spazierwegen, zauberhaften Plätzen, guten Restaurants, aber irgendwie misslang alles. Das gute Restaurant war geschlossen, der schöne Spazierweg endete in einer Kiesgrube, und nach vier Tagen missratenem Urlaub war ich ziemlich frustriert. Plötzlich fiel mir ein, dass es eine Möglichkeit gab, an die ich nicht gedacht hatte: nämlich einfach auf das Prinzip »innere Führung« umzuschalten. Ich holte das sofort nach – einfach durch gedanklichen Beschluss –, und die verbleibenden zwei Tage meines Urlaubs wurden zu einer Kette wunderbarer Fügungen. Zum Beispiel hatte ich mir dringend Sauna und Massage gewünscht und bis dato nicht herausgefunden, wo diese Kombination anzutreffen war. An diesem Tag nun hörte ich zufällig ein Gespräch mit, in dem jemand begeistert von einem Thermalbad erzählte, in dem es verschiedene Arten von Sauna und Massage gab. Ich fuhr hin und verbrachte einen wunderbaren Tag. Auf der Rückfahrt stellte ich fest, dass ich keine Lust hatte, schon nach Hause zu fahren. Es war schon spät am Abend, und ich wünschte mir lebhaft, in einem Hotelzimmer mit Balkon und schöner Aussicht zu übernachten, um das Gefühl zu genießen, im Urlaub zu sein. Mit diesem Wunsch im Herzen fuhr ich auf der Landstraße heimwärts. Es war halb zwölf Uhr nachts, als ich das Hotel entdeckte. Es lag am Ufer eines Sees, war trotz der späten Stunde noch geöffnet und ich bekam ein Zimmer mit Balkon und Blick auf den See. Ich war zu aufgeregt, um schlafen zu gehen, und brach zu einem nächtlichen Spaziergang am Seeufer auf. Von irgendeinem Punkt am Ende der langen Promenade scholl Musik zu mir herüber. Ich traute meinen Ohren kaum, es war ausgerechnet meine Lieblingsmusik. Ich ging den Klängen nach und entdeckte eine kleine Diskothek am Seeufer, wo ich bis vier Uhr morgens tanzte. Der nächste Tag war der Tag, an dem der Urlaub definitiv zu Ende war. Gegen Mittag brach ich auf, um nach Hause zu fahren. Unterwegs tauchte in meinem Geist die Vision eines ländlichen Restaurants auf, von der Art, wie man sie eher in Frankreich oder Italien findet als hierzulande. Wie schön es wäre, diesen kurzen Urlaub auf solche Weise würdig abzuschließen! Natürlich war es sinnlos, meine Zeit mit der Suche nach etwas zu vergeuden, was es hier mit Sicherheit nicht gab. Also fuhr ich weiter heimwärts, wobei meine Sehnsucht nach dem gastronomischen Idyll mich allerdings begleitete. An einer Kreuzung, an der ich hätte links abbiegen müssen, bog ich, einem Gefühl folgend, rechts ab. Die Straße führte in ein Dorf – ein ganz normales kleines Dorf –, und, o Wunder, in diesem Dorf fand ich das Restaurant, nach dem ich mich gesehnt hatte. Durch die geöffneten Fenster, in denen Töpfe mit Geranien standen, schien die Sonne herein; man blickte auf Wald und Wiesen; das Essen wurde auf groben Holztischen serviert und war hervorragend.

Diese unscheinbaren Beispiele zeigen ein Prinzip. Die innere Stimme weiß, wie Sie zu dem kommen, was Sie sich wünschen. Nur müssen Sie, um ihr zu ermöglichen, Sie dorthin zu führen, in einem Zustand von Absichtslosigkeit sein. Entweder verfolgen Sie Ihr Ziel mit den Mitteln des Verstands, oder Sie lassen sich führen. Beides zugleich ist nicht möglich.

Ich sprach im ersten Kapitel schon von Chidr, dem personifizierten Geist der Führung. Sie erinnern sich: Er pflegte verirrten Wanderern in der Wüste als grüne Gestalt zu erscheinen und ihnen anzubieten, sie zu einer Oase zu führen. Welcher Wanderer hätte das Angebot nicht freudig angenommen? Aber Chidr stellte eine Bedingung. »Du darfst meine Führung nie infrage stellen«, sagte er. »Wenn du es doch tust, verschwinde ich.« Einmal, so erzählt die Legende, geschah es, dass ein unglücklicher Wanderer diesen Fehler machte. Chidr und er waren schon eine Weile gegangen, als der Wanderer zur Rechten eine Oase auftauchen sah. Chidr schien sie nicht zu sehen, denn er ging unbeirrt weiter in eine ganz andere Richtung. »He«, rief der Wanderer, »dort ist doch die Oase!« Woraufhin Chidr wie angekündigt verschwand und der Wanderer sich allein seiner Oase entgegenschleppte, die sich natürlich als Fata Morgana entpuppte.

Genauso ist es im richtigen Leben. Und zwar nicht deswegen, weil der Geist der Führung ein rechthaberischer und rachsüchtiger Kleingeist ist, sondern weil es einfach nicht anders funktioniert. Wir müssen uns blind führen lassen, wenn wir uns der inneren Stimme anvertrauen. Wenn wir aktiv Ausschau halten nach dem, was wir suchen, arbeitet unser Verstand; er bemüht sich, die im Gehirn gespeicherten Daten so zusammenzustellen, dass sie uns den Weg zu unserem Ziel weisen – während das Ziel oder zumindest der Weg dorthin womöglich außerhalb seiner Reichweite liegt. Mein auf französische Art »ländlich idyllisches« Restaurant hatte ich noch nie vorher gesehen, auch noch nie davon gehört. Es lag in einem Dorf, einem ganz normalen von der Art, wo so ein Restaurant normalerweise nicht anzutreffen ist. Wie hätte ich es also suchen sollen?

Fünf Veränderungen Ihrer Bewusstseinseinstellung können Ihnen helfen, auf das Prinzip »innere Führung« umzuschalten:

1. Werden Sie offener.
2. Werden Sie aufmerksamer.
3. Werden Sie absichtsloser.
4. Werden Sie weniger ernst.
5. Werden Sie schneller.

1. Werden Sie offener

Die meisten von uns sind ziemlich verschlossen. Damit meine ich, dass wir feste Meinungen darüber haben, was es mit diesem und jenem auf sich hat; dass wir nicht viel Raum für Neues und Überraschendes in unserem Leben freihalten; und dass unser Bewusstsein mit Inhalten voll gestopft ist und so gut wie nie Momente von Leere und Empfangsbereitschaft erlebt. Alles in allem: Wir haben zu viel Angst. Hätten wir nicht so viel Angst, bräuchten wir nicht ununterbrochen nachzudenken, wir bräuchten nicht alles zu planen, wir würden staunend, offen und voller Bereitschaft, uns überraschen zu lassen, durch die Welt gehen wie ein Kind, das das Vertrauen noch nicht verloren hat. Wären wir in diesem Zustand, müssten wir nicht lernen, die innere Stimme wieder zu entdecken, sondern wir wären automatisch, ohne das als etwas Besonderes anzusehen, in Kontakt mit ihr. Innere Führung ist natürlich. Intuition gehört zu unserer Grundausrüstung.

Wir müssen offener werden, um dem Neuen, dem Unvorhergesehenen, dem noch nicht Gedachten, dem, was sich der Erklärung entzieht, Raum zu geben in unserem Geist und in unserem Leben.

Offener werden ist zum einen eine Sache der Einstellung; zum anderen gibt es einige technische Tipps dazu:

1. Wachen Sie so oft wie möglich aus der Hypnose der Gedanken auf. Anstatt ununterbrochen zu denken, spüren Sie Ihren Atem, nehmen Sie Sinneseindrücke wahr: das Rascheln der Blätter im Wind oder das Zischen der Espressomaschine; die Wolken, die hie und da ein Stück blauen Himmel freigeben; die Menschen, die Ihnen begegnen; die Anspannung Ihrer Nackenmuskeln oder das Wohlgefühl in Ihrem Bauch nach einem guten Essen …
2. Achten Sie auf das, was Sie sagen und was Sie denken. Achten Sie vor allem auf Meinungen und Überzeugungen in Ihrem Denken und Sprechen. Machen Sie sich bewusst, dass Ihre Ansichten nur eine mögliche Interpretation der Realität sind und nicht die Realität selbst. Trauen Sie sich, eine Meinung oder einen Gedanken einfach fallen zu lassen und neugierig zu sein auf Neues.
3. Üben Sie, mehr zuzuhören, als zu reden. Hören Sie aufmerksam zu, anstatt das, was man Ihnen erzählt, gleich zu kontern mit eigenen Ansichten und Erfahrungen oder es im Geist zu kommentieren.

2. *Werden Sie aufmerksamer*

Immer schon habe ich Menschen bewundert, die mit einem Blick alle Details erfassen; die sich Namen merken können; die nach ihrem ersten Besuch einer neuen Ortschaft genau wissen, wie man hinkommt und wo der Bäckerladen sich befindet. Das ist eine Art wacher Aufmerksamkeit, die erfordert, dass man nicht ständig »in Gedanken« ist, das heißt, der Geist muss relativ offen sein. In unserem Zusammenhang jedoch ist vor allem eine andere Art von Aufmerksamkeit erforderlich, nämlich ein Wachsein für Impulse, die von innen kommen. Neulich wollte ich meine Waschmaschine in Betrieb setzen. Wäsche und Waschmittel waren eingefüllt, der Wasserlauf geöffnet, ich will auf den Startknopf drücken – da wird mein Blick von der kleinen Klappe angezogen, hinter der das Flusensieb verborgen ist. »Ach Quatsch«, denke ich, »das habe ich doch neulich erst gereinigt.« (Bin bloß zu faul, um nachzuschauen.) »Halt, stopp«, sagt mein besseres Ich. »Wenn dein Blick in diesem Moment auf diese Klappe gefallen ist, dann hat das einen Grund, also sei nicht faul, sondern schau nach.« Ich ziehe das Flusensieb heraus und entdecke einen faustgroßen Filzballen darin. Vermutlich hat meine innere Stimme mich und die Maschine vor einem Malheur bewahrt.

Diese Art Aufmerksamkeit muss man, wenn man sie noch nicht besitzt, trainieren. Das Training besteht vor allem darin, dass man sich wieder und wieder darauf einstellt, aufmerksam zu sein. Am besten jeden Tag von neuem. »Heute werde ich auf die Hinweise meiner inneren Stimme achten.« – »Heute werde ich auf Impulse und Gefühle achten, die von innen auftauchen.«

Ein weiterer Punkt ist wichtig in diesem Zusammenhang. Das Radioprogramm in unserem Kopf – unser ständiger Denkprozess – muss wenigstens hin und wieder eine Pause aufweisen, damit Nachrichten der inneren Stimme überhaupt in unser Bewusstsein dringen können. Leider ist es nicht so wie beim Verkehrsfunk im Radio, der sich mit einem unüberhörbaren Tuten ins laufende Programm einschaltet. Nein, es ist einfach ein flüchtiges Gefühl, ein flüchtiger Gedanke, und wenn wir ununterbrochen mit Denken beschäftigt sind, fällt er nicht weiter auf.

Nun, es erfordert lange Übung, sich das ununterbrochene Denken abzugewöhnen. (Meditieren, sich immer und überall seines Atems bewusst zu sein, gewisse Übungssysteme wie Tai Chi oder Tensegrity nach Carlos Castaneda[5] helfen dabei.) Für den Hausgebrauch desjenigen, der keine Lust hat, allzu konsequent irgendetwas zu üben, ist es bereits sehr wirksam, immerhin von Zeit zu Zeit in einen Zustand innerer Stille einzutreten. Beispielsweise auf die Art, wie der vietnamesische Zen-Meister Thich Nhat Hanh es empfiehlt: Nutzen Sie ein wiederkehrendes Signal, beispielsweise den Klang der Glocken, um drei Atemzüge lang einfach nur Ihren Atem zu spüren.

Man kann auch sein Bewusstsein so einstellen, dass das Signal der inneren Stimme gewissermaßen verstärkt wird – dass es deutlich ins Bewusstsein tritt wie der Verkehrsfunk ins Radioprogramm. Wie Sie das tun, bleibt Ihrer Kreativität überlassen. Sie können Zettel schreiben, die Sie überall aufhängen: »Innere Stimme deutlicher wahrnehmen.« Sie können vor jeder Mahlzeit drei tiefe Atemzüge tun und dabei Ihre Ausrichtung auf die Wahrnehmung der inneren Stimme erneuern. Seien Sie kreativ. Erfinden Sie Ihre eigenen Techniken, um diese Einstellung vorzunehmen. So wie Sie Ihr Radio entsprechend programmieren müssen, damit der Verkehrsfunk sich automatisch einschaltet, können Sie auch Ihren Geist so programmieren.

3. Werden Sie absichtsloser

Absichtslosigkeit in diesem Sinne bedeutet nicht, dass man keine Wünsche und Ziele hat. Absichtslosigkeit heißt, dass man, während Wünsche und Ziele irgendwo im Hintergrund existieren, der Wahrheit des Augenblicks folgt, so wie ich es am Anfang dieses Kapitels beschrieben habe. Es ist nicht leicht, diesen Zustand zu erreichen, wenn man starke Wünsche hat, aber es ist zu schaffen. Der Trick besteht darin, eindeutig zu sein in dem, was man wünscht oder beabsichtigt. Wenn es Ihr Wunsch ist, das Ziel X zu erreichen, und Sie mit diesem Wunsch eins sind, ihn weder infrage stellen noch durch einen entgegengesetzten Wunsch außer Gefecht setzen, wenn der Wunsch einen Platz in Ihrem Herzen hat und fest im Hintergrund Ihres Bewusstseins verankert ist, dann wird Ihre innere Stimme Sie zu Ihrem Ziel führen. Übrigens kümmert sie sich meiner Erfahrung nach nicht darum, ob Ihr Ziel nach den üblichen menschlichen Vorstellungen vernünftig oder moralisch einwandfrei ist.

Mehr zum Thema Absichtslosigkeit erfahren Sie im Kapitel »Intuition und Energie«.

4. Werden Sie weniger ernst

Damit meine ich nicht, dass Sie öfter Witze erzählen sollen, sondern dass Sie, um ein intuitiverer Mensch zu werden, eine gewisse Leichtigkeit brauchen, ähnlich der eines Kindes; ein Bewusstsein, das die Dinge nicht auf allzu erwachsene Art ernst nimmt, sondern sich einen spielerischen Charakter bewahrt. Es ist schwierig, einen guten Einfall zu haben, wenn man sich an etwas ernsthaft festgebissen hat. Es ist schwierig, dem Impuls zu folgen, genau hier in diesem Moment in diesem Park ein paar Schritte zu gehen, wenn der Ernst des Lebens einen glauben macht, dass sich das während der Fahrt zur Arbeit nicht gehört. Aber wer sagt denn, dass Sie nicht in genau diesem Park an genau diesem Morgen, wenn Sie Ihrer inneren Stimme folgen, einen wichtigen Geschäftspartner treffen oder beim Anblick des in der Morgensonne leuchtenden Laubs einen großartigen Einfall haben? Vielleicht kommen Sie gerade dadurch, dass Sie einige Minuten später eintreffen als geplant, um die Begegnung mit einem Menschen herum, der Sie in Ihrem Büro zu dieser unschuldigen Morgenstunde mit einem Haufen Ärger überschüttet hätte? Oder vielleicht entgehen Sie einem Unfall.

Niemand weiß es. In vielen, aber nicht in allen Fällen versteht man im Nachhinein, warum die innere Stimme einen hierhin oder dorthin geschickt hat. Manchmal versteht man es, nachdem man ihr gefolgt ist und sich herausstellt, dass das ein Segen war; manchmal versteht man es, wenn man ihr nicht gefolgt ist und auf die Nase fällt.

Hierunter fällt auch die Empfehlung, etwas kindlicher zu sein. Als ich klein war, hatte ich, wie viele Kinder, meinen eigenen Aberglauben. »Wenn der zehnte Pflasterstein ein heller ist, geht es gut.« – »Wenn auf dem letzten Stück Straße kein Auto an mir vorbeifährt, muss ich nicht beichten, was passiert ist.«

Damals haben wir unsere eigenen Regeln festgelegt in diesem magisch-intuitiven Spiel. Heute spielen wir nicht mehr mit den Dingen des Lebens, wir nehmen sie ernst. Wenn wir lernen wollen, intuitiver zu sein, tun wir gut daran, ein mehr spielerisches Bewusstsein zu entwickeln. Nicht, dass wir zu dem Aberglauben unserer Kindertage zurückkehren sollen; aber zu der kreativen Leichtigkeit, mit der wir diese Spiele damals betrieben. Wenn wir die Angelegenheiten unseres Lebens allzu ernst nehmen, sind wir zu ängstlich darauf bedacht, immer das Richtige zu tun, und das kann uns daran hindern, das Naheliegende zu tun, dasjenige nämlich, was unsere Intuition uns eingibt.

5. Werden Sie schneller

Es reicht nicht aus, sich vorzunehmen, auf die innere Stimme zu achten; man muss sich auch vornehmen, ihr zu gehorchen. Zu sagen: »Ich werde die innere Stimme wahrnehmen, wenn sie auftaucht, und mir dann überlegen, ob ich ihr folge«, funktioniert nicht. Sie wird umso deutlicher für uns wahrnehmbar, je öfter wir ihr folgen. Im Idealfall handeln wir sofort – spontan – und lassen zwischen dem intuitiven Impuls und dem Handeln keine Zeit vergehen, jedenfalls nicht so viel Zeit, dass der Verstand sich einschalten kann – und der schaltet sich, wie Sie wissen, blitzschnell ein. Es ist, als müsse man eine neue Art zu gehen lernen, eine Gangart, die darin besteht, dass man die Füße ohne nachzudenken dorthin setzt, wohin der innere Impuls sie lenken will. Wenn man innehält und überlegt: Wie war das noch gleich?, ist meist die Chance vertan und die Verwirrung setzt ein. Eine Stimme sagt links, eine sagt rechts, eine geradeaus.

Übungen, die Ihnen helfen, schneller zu werden, finden Sie im Praxisteil dieses Buches.

Den Weg frei räumen: Der Schönwetterzwang und andere Hindernisse

Im Augenblick ist alles enthalten, was ihr im Augenblick benötigt. Ihr braucht nichts weiter zu tun, als euch voller Vertrauen auf ihn einzulassen und sehr aufmerksam zu sein für das, was er euch bringt, was er euch sagen will. Er sagt es euch durch eine Eingebung, einen Wunsch, einen Impuls …; oder durch eine Äußerung eures Nachbarn; oder durch einen Satz in der Zeitung; oder durch den Ruf eines Vogels; oder durch einen Windstoß; oder durch den Geschmack der Erbse, die ihr gerade esst. Alle Probleme, Sorgen und Befürchtungen zerfallen zu Staub vor der Lebendigkeit, Weisheit und Macht des Augenblicks.

AUS: LIEBE IST MEHR ALS EIN GEFÜHL

In diesem Kapitel werde ich einige Verhaltensweisen schildern, die den Zugang zur Intuition erschweren.

Da sind zum einen überkommene Vorstellungen wie die, wenn das Wetter schön sei, müsse man unbedingt spazieren gehen, in der Sonne liegen, Rad fahren, schwimmen gehen oder was auch immer man an der frischen Luft zu tun pflegt. Damit habe ich mir schon so manchen Tag verdorben. Ich wache auf, die Sonne scheint, und mein erster Gedanke ist: Heute möchte ich die Wohnung putzen. Aber dann meldet sich die Stimme der Vernunft oder der Angst (die oft hinter dem steckt, was wir für Vernunft halten) und sagt: »Aber die Sonne scheint doch! Da muss man doch rausgehen! Vielleicht ist es der einzige schöne Tag im ganzen Monat!« Und dann gehe ich hinaus und verbringe viel Zeit an der frischen Luft und komme am Abend nach Hause, werfe einen müden Blick auf die Wäscheberge, die Staubflusen und das unabgewaschene Geschirr und gehe zu Bett. Und am nächsten Tag ist wieder schönes Wetter, da muss ich doch die freie Zeit, die mir zur Verfügung steht, nutzen, um in der Sonne zu sein, und wieder bleibt die Wohnung unaufgeräumt und schmutzig. Am Tag danach regnet es, das wäre nun ein Tag zum Putzen; lustlos mache ich mich an die Arbeit, ganz gegen mein Gefühl, das mir sagt: »Heute kannst du ein großartiges Buchkapitel schreiben, wenn du alles andere stehen und liegen lässt ...« Fazit: Die Wohnung ist nur oberflächlich, weil lustlos geputzt; dennoch hat das Putzen so viel Zeit verschlungen, dass es, als ich mich endlich zum Schreiben hinsetze, eigentlich fürs Schreiben schon zu spät ist und mir nichts Rechtes mehr einfällt. Nach einigen Dutzend langweiligen Zeilen, die ich morgen wahrscheinlich wieder streichen werde, gebe ich es auf und mache Feierabend, den ich aber auch nicht genießen kann, weil ich unzufrieden bin. Alles ist irgendwie aus dem Gleichgewicht geraten. Hätte ich an jenem ersten Schönwettermorgen das getan, wonach mir war – nämlich die Wohnung putzen –, ich hätte mit Schwung und guter Laune gründlich geputzt und wäre am Nachmittag vergnügt und guten Gewissens ins Freie gegangen; vielleicht auch am nächsten Tag, und am übernächsten, dem Regentag, hätte ich mein wunderbares Buchkapitel geschrieben, und wenn jemand mich gefragt hätte: »Wie geht's?«, hätte ich mit Fug und Recht sagen können: »Alles bestens.«

Ein anderer Zwang, der uns daran hindern kann, auf unsere innere Stimme zu hören, sind Gewohnheiten. Es liegt auf der Hand, dass Gewohnheit das vielleicht größte Hindernis ist, das es zu überwinden gilt, wenn wir lernen wollen, unserer inneren Stimme zu folgen. Die kleinsten, scheinbar bedeutungslosen Gewohnheiten können in Wahrheit mächtige Zwänge sein, die den natürlichen Fluss unseres Lebens behindern. Wenn ich jeden Morgen in einem bestimmten Café meinen Cappuccino trinken muss, dann muss ich meine Ohren vor meiner inneren Stimme verschließen, die an einem Morgen vielleicht sagt: »Bleib zu Hause« (weil ein wichtiger Anruf kommt), und an einem anderen: »Trink Orangensaft.« Nein, ich muss meinen Cappuccino haben, auch wenn er mir gar nicht schmeckt; der Anruf entgeht mir, weil ich nicht auf die innere Stimme gehört habe, mein Magen rebelliert, weil er heute keinen Kaffee verträgt – und so fort. Das Gleiche gilt für das Bier nach Feierabend, die Zigarette nach dem Essen, für die Gewohnheit, jeden Samstagabend in die Disko zu gehen oder grundsätzlich nach Griechenland in Urlaub zu fahren.

Es ist nicht leicht, solche eingefleischten Gewohnheiten zu überwinden. Ein Trick, der bei mir in manchen Fällen funktioniert hat, ist der: Wenn Sie beabsichtigen, sich etwas abzugewöhnen – beispielsweise stets zum Mittagessen einen Viertelliter Rotwein zu trinken –, verbieten Sie sich das Gewohnte auf keinen Fall. Sagen Sie sich: »Ich darf den Rotwein trinken – es ist absolut in Ordnung, ihn zu trinken, wenn ich ihn wirklich will. Ich warte aber erst ein wenig, bevor ich ihn mir eingieße – vielleicht ist ja heute kein Rotweintag, vielleicht habe ich keinen Appetit auf Rotwein. Ich gebe mir die Erlaubnis, ihn zu trinken, wann immer ich wirklich Rotwein trinken will, und keinen zu trinken, wenn ich keine Lust darauf habe.« Und dann probieren Sie, was passiert, wenn Sie zu diesem Mittagessen keinen Rotwein trinken (mit der Sicherheit im Hintergrund, dass Sie ja jederzeit welchen trinken dürfen). Bei allen Gewohnheiten, die sich nicht zu einer tief eingegrabenen Sucht verfestigt haben, kann das meiner Erfahrung nach helfen, sie zu lockern.

Ein anderer Trick, der hilft, die Fessel der Gewohnheit zu lösen, besteht darin, die Ausführung der gewohnten Handlung ein wenig zu verschieben. Wenn Sie die Angewohnheit haben, nach dem Frühstück eine Zigarette zu rauchen und dann die Toilette aufzusuchen, so suchen Sie zuerst die Toilette auf und rauchen dann (wenn Sie dann noch Lust dazu haben). Wenn Sie jeden Nachmittag um fünf Kaffee und Kekse zu sich nehmen, machen Sie um Punkt fünf einen Spaziergang oder räumen Ihr Wohnzimmer auf. Sagen Sie sich, dass Sie Kaffee und Kekse ausnahmsweise einmal später zu sich nehmen, nach dem Spaziergang oder der Aufräumaktion – falls Sie dann noch Lust dazu haben.

Eine weitere Übung, die uns hilft, uns von Gewohnheiten zu lösen, ist die, (beliebige) Dinge absichtlich anders zu tun. Wenn Sie bei Ihrem Abendspaziergang immer den rechten Häuserblock umrunden, umrunden Sie diesmal den linken. Oder fahren Sie erst ein Stück mit der Straßenbahn und laufen Sie dann zurück. Wenn Sie am Küchentisch zu essen pflegen, nehmen Sie eine Mahlzeit im Wohnzimmer ein. Wenn Sie das Essen immer mit einem Salat beginnen, fangen Sie einmal mit einer Suppe an und lassen Sie den Salat weg. Wenn Sie üblicherweise in Gesprächen viel reden und wenig zuhören, bleiben Sie einmal wortkarg und hören aufmerksam zu. Oder umgekehrt. Wenn Sie normalerweise der Welt ein lächelndes und beflissenes Gesicht zeigen, üben Sie, einmal kein Gesicht zu machen. Ist Ihre übliche Miene eher grimmig, üben Sie zu lächeln. Kaufen Sie in einem anderen Geschäft ein. Fahren Sie mit der Bahn statt mit dem Auto. Mit dem Bus statt mit dem Fahrrad. Oder umgekehrt. Nehmen Sie sich vor, jeden Tag mindestens eine Sache anders zu machen als bisher. Hier geht es noch nicht um das Prinzip, der inneren Stimme zu folgen, sondern um einen Trick, wie man sich in spielerischer Weise dazu bringen kann, weniger Sklave seiner Gewohnheiten zu sein und freier, kreativer und lockerer zu werden – drei wichtige Voraussetzungen für »Intuitivität«.

Wenn Sie eine sehr hartnäckige Gewohnheit loswerden möchten, so lohnt es sich, einmal genauer hinzuschauen. Es geht ja niemals um das konkrete Tun – um das Rauchen beispielsweise –, sondern es geht um das, was wir uns von diesem Tun versprechen. Es geht um irgendeinen inneren Wert. Prüfen Sie, was es ist, das Sie in Wirklichkeit brauchen und das Sie in dieser Gewohnheit suchen. Fragen Sie sich, wie Sie für dieses Bedürfnis so sorgen können, dass es wirklich gestillt wird. Das gewohnheitsmäßige Tun ist ja nur Ersatz – finden Sie heraus, wofür es Ersatz ist und wie Sie sich das geben können, was Sie in Wirklichkeit brauchen oder wünschen. Vielleicht ist es ein Bedürfnis Ihres inneren Kindes. Wenn Sie beispielsweise die Gewohnheit haben, Spielfilme anzuschauen oder Romane zu lesen und diese Sucht hinterfragen, stoßen Sie eventuell auf ein Bedürfnis, Ihrem realen Leben zu entfliehen. Hier können Sie Abhilfe schaffen, indem Sie sich erstens um das Elend, die Not, die Depression, den Katzenjammer kümmern, den Ihre realen Lebensumstände Ihnen verursachen; und zweitens, indem Sie erfüllendere, befriedigendere, gesündere Möglichkeiten suchen, sich selber den benötigten »Urlaub vom Leben« zu verschaffen. Vielleicht brauchen Sie jeden Tag eine Stunde ganz für sich allein, eine Stunde, in der Sie nichts weiter tun, als sich um sich selber zu kümmern. Es kann auch jede Woche oder jeden Monat ein Tag sein. Vielleicht brauchen Sie Freiräume, in denen Sie zu sich selber (oder zu Ihrem inneren Kind, falls es der kindliche Teil in Ihnen ist, der leidet) sagen: »In dieser Stunde, an diesem Vormittag soll nichts und niemand mich (uns) stören. Diese Stunde, dieser Vormittag ist heilig; ich umgebe ihn mit einem Schutz, damit die Sorgen der Welt ihn nicht stören, und ich tue in dieser Zeit, was immer mir (dir) gut tut.« Vielleicht müssen Sie mal wieder spielen wie ein Kind. Oder tanzen. Oder ganz langsam durch einen schönen Park schlendern. Vielleicht gibt es auch einmal den Tag, an dem ein Fernsehfilm oder ein Roman Sie wirklich zufrieden stellt.

Ganz grundsätzlich ist der Weg der inneren Stimme – die Übung, schnell und ohne Umschweife der Eingebung des Augenblicks zu folgen – der Weg in die Freiheit. Nichts ist verboten auf diesem Weg, was Ihnen Vergnügen bereitet: nicht der Rotwein und nicht der Cappuccino, nicht Kaffee und Kuchen und nicht die Zigarette oder der Fernsehkrimi; aber alles wird dann und nur dann getan, wenn es Zeit dazu ist, wenn Sie von innen her wirklich Lust darauf haben.

Gewohnheitsmäßige Reaktionen

Wir sind alle mehr oder weniger Sklaven unserer un- oder halbbewussten Programmierung. Immer wenn jemand auf eine bestimmte Art etwas Bestimmtes sagt, schießt Ärger in uns hoch, oder wir werden traurig.

Wir können uns nach und nach befreien von diesen Reaktionszwängen, indem wir die Gefühle und Überzeugungen, die den Untergrund unseres Bewusstseins bilden, ans Licht befördern. Hier helfen natürlich Psychotherapie und jedwede Art bewusstseinsfördernder Arbeit, ferner Meditation und die absichtliche Beobachtung der Bewusstseinsinhalte.[6] Ich selber habe eine Methode entwickelt, verdrängte Gefühle aus ihrem Körperversteck ins Bewusstsein und ins Herz zu holen, die ich in meinem Buch »Das Tao des Herzens« ausführlich beschrieben habe und im vorliegenden Buch im Kapitel »Intuition und Emotionen« so weit skizziere, dass Sie sie anwenden können.

Neben dieser Bewusstseinsarbeit gibt es jedoch eine einfache, im Alltag leicht zu praktizierende Technik, die uns hilft, spontan statt impulsiv zu sein, wobei ich unter »spontan« verstehe, ohne Umschweife dem Impuls zu folgen, der von innen auftaucht – nicht reaktiv, sondern aktiv –, und unter »impulsiv« den Zwang, unseren gewohnheitsmäßigen Reaktionen zu folgen.

Es ist vor allem Pir Vilayat Khan, ein spiritueller Lehrer unserer Zeit, der die Wichtigkeit dieser Technik immer wieder betont. Sie besteht darin, dass wir einen »Puffer« setzen zwischen den Reiz, der aus der Außenwelt kommt, und unsere Reaktion. Anstatt also gleich zu reagieren, sollte man sich erst einmal Zeit nehmen, sich nach innen wenden und prüfen, was man wirklich sagen oder tun möchte. Manchmal genügt es zu diesem Zweck, einmal tief Luft zu holen; in anderen Fällen mag es nötig sein zu sagen: »Gib mir drei Tage Zeit, ich muss erst überlegen.« Um das in der Praxis durchhalten zu können, muss man ständig seine Wachheit trainieren. Sagen Sie sich jeden Morgen: »Heute werde ich bei allem, was auf mich zukommt, erst einmal durchatmen und in mich gehen (oder mein Herz befragen), bevor ich reagiere«. Erneuern Sie diesen Vorsatz, wann immer es Ihnen einfällt, beispielsweise vor wichtigen Begegnungen oder Gesprächen.

Ausführliche Übungsanleitungen zu diesem letzten Punkt finden Sie im Praxisteil des Buches.

Intuition im Alltag

Führung?
Du rufst nach Führung?
Ich führe dich immer und überall.
Schreie nicht nach Führung, sieh sie!
Sieh Meine Hand
in allem, was dir geschieht.

AUS: DEN WEG DES HERZENS GEHEN

Viele Menschen sind der Ansicht, dass sie sich nicht leisten können, ihr gesamtes Leben der Führung der inneren Stimme anzuvertrauen. Immerhin gibt es Verpflichtungen, Termine, vorgegebene Strukturen, von denen der freie Fluss des Lebens von vornherein eingeschränkt ist. Man könnte meinen, nur jemand, der finanziell unabhängig ist und keinerlei Verpflichtungen hat, könne sich leisten, ausschließlich und in allem seiner inneren Stimme zu folgen.

Wenn Sie so denken, spalten Sie die Realität: in ein Feld, das notgedrungen der Verstand beherrschen muss, und eines, das man der Intuition überlassen kann. Aber die innere Stimme entspringt einer Intelligenz, die sich aller Gegebenheiten bewusst ist, einschließlich derer, dass Sie Ihr Brot verdienen müssen und für bestimmte Bereiche oder Personen verantwortlich sind.

Eine gute und praktikable Herangehensweise an dieses Thema sieht so aus:

Halten Sie Ihr Leben, insoweit es Termine, Verpflichtungen und andere vorgegebene Daten anbelangt, geistig in Ordnung, indem Sie sich – täglich oder wöchentlich oder nach Bedarf – die entsprechenden Daten vergegenwärtigen; verschaffen Sie sich einen Überblick über die Situation, per Terminkalender, Finanzplan, Arbeitsplanung, Erledigungsliste oder Ähnlichem. Anschließend ziehen Sie die Essenz aus diesen Daten. Am konkreten Beispiel: Sie haben eine Aufstellung gemacht, die in einzelnen Posten beinhaltet, welche Rechnungen zur Zahlung fällig sind und welche Einkünfte Sie erwarten. Nun ziehen Sie eine Bilanz und vergegenwärtigen sich die Situation insgesamt. Ein anderes Beispiel: Sie haben sich einen Überblick über die Termine der Woche oder des Monats verschafft, indem Sie die einzelnen Einträge im Terminkalender studiert haben, und nun betrachten Sie die übergeordneten Verpflichtungen, die in der betreffenden Woche oder dem betreffenden Monat anstehen (dieses oder jenes Projekt muss abgeschlossen oder begonnen werden und so fort).

Nachdem Sie sich all dies angeschaut und eingeprägt haben, schließen Sie die Augen, entspannen sich, tun ein paar tiefe Atemzüge und stellen sich auf die Ziele und Inhalte ein, die das Bild des betreffenden Zeitraums bestimmen. Dabei treten Sie in Beziehung mit einer tieferen, inneren Dimension Ihres Wesens, die normalerweise schweigend im Hintergrund des Bewusstseins steht und, sobald sie aktiv einbezogen wird ins Geschehen, eine unerschöpfliche Quelle neuer Energie, neuer Einfälle, neuer Fähigkeiten und Möglichkeiten ist.

Bitten Sie dieses innere Selbst um Unterstützung und Führung, lassen Sie dann alle Gedanken und Sorgen in Bezug auf die anstehenden Verpflichtungen und Probleme los, und versenken Sie sich für eine Weile in wohltuende Stille und Leere, indem Sie die Gedanken ruhen lassen und mit Ihrer Aufmerksamkeit der Ebbe und Flut des Atems folgen.

Zum Abschluss programmieren Sie sich darauf, auf Hinweise Ihrer inneren Führung zu achten.

Ihre innere Führung weiß, was in Ihrem Leben benötigt wird. Sie weiß, wann es die richtige Zeit ist, ein

Projekt voranzutreiben, und sie weiß auch, wann es Zeit ist, es ruhen zu lassen. Manchmal wird es Ihnen haarsträubend erscheinen, sich einfach Ihrem Gefühl zu überlassen und beispielsweise nichts zu tun, sich auszuruhen, spazieren zu gehen oder in der Sonne zu liegen, während Sie doch meinen, dass Sie eigentlich arbeiten oder einen Anruf tätigen sollten.

Aber wenn es wirklich Ihrem Gefühl entspricht, so zu handeln, dann können Sie sich darauf verlassen, dass dies einen guten Grund hat. Wahrscheinlich kennen Sie ihn noch nicht; möglicherweise werden Sie ihn im Nachhinein verstehen. Vielleicht gibt es einen noch unbekannten Faktor, der erst in Ihrem Leben in Erscheinung treten muss, bevor Sie telefonieren oder für Ihr Projekt aktiv werden sollen. Vielleicht ist es auch ganz einfach wichtig, dass Sie sich entspannen und frische Energie tanken, bevor Sie Ihre Arbeit in Angriff nehmen. Wie auch immer: Wenn Sie Ihre Ansichten darüber, was falsch und was richtig ist, zur Seite stellen und stattdessen einfach Ihrem Gefühl folgen, tun Sie immer das, was für Sie und alles mit Ihnen Verbundene optimal ist.

Nichts tun, weil Ihre innere Stimme Ihnen rät, nichts zu tun, darf nicht damit verwechselt werden, dass man vor dem Leben flüchtet oder den Kopf in den Sand steckt, weil man meint, die anstehenden Herausforderungen nicht bewältigen zu können. Ein Leben unter Führung der inneren Stimme setzt eine gewisse Wachheit voraus, die durchaus auch dann mobilisiert werden kann, wenn man körperlich und geistig erschöpft ist. Wachheit bedeutet hier, sich dessen bewusst zu sein, was im eigenen Innern vorgeht. Sie werden, wenn Sie ehrlich sind, den Unterschied erkennen zwischen Sichgehenlassen, dem Flüchten vor den Herausforderungen des Lebens (zum Beispiel in Schlaf, Tagträumerei, Fernsehfilme, Romane, gesellige Treffen, Diskobesuche) oder dem Freinehmen von jeglicher Verpflichtung, Arbeit oder Aktivität, weil Sie spüren, dass es an der Zeit ist, nichts zu tun.

Ihre innere Stimme führt Sie Schritt für Schritt. Sie wird Ihnen selten die ganze Strecke, die Sie zu gehen haben, im Vorhinein zeigen; aber sie wird Ihnen immer sagen, welches der Schritt ist, der jetzt gerade zu tun ist. Das ist das, was es vielen Menschen schwer macht, diesen Weg zu gehen. Die meisten von uns haben Angst, misstrauen dem Leben und meinen deshalb, alles unter Kontrolle haben und wissen zu müssen, wo es langgeht und wohin der Weg führt. Wer den Weg der inneren Stimme geht, muss darauf meistens verzichten. Er muss sich führen lassen wie ein Blinder:

»Schritt für Schritt für Schritt –
nicht mehr,
aber auch nicht weniger.«[7]

Sie können das in einer Art Trockenübung praktizieren. Schaffen Sie sich ein Feld, in dem Sie es ausprobieren können, ohne ein allzu großes Risiko einzugehen. Beispielsweise im Urlaub. Oder an einem freien Sonntag. Wenn Intuitionstraining Ihnen wichtig ist, schaffen Sie sich möglichst viele solcher Freiräume in Ihrem Leben: Wochen, Tage, Stunden, die Sie dazu verwenden, Schritt für Schritt Ihrer inneren Stimme zu folgen, ohne auf Mitmenschen oder Verpflichtungen Rücksicht nehmen zu müssen. Folgen Sie in diesen Zeiten einfach von Augenblick zu Augenblick Ihrem Gefühl. (Ausführliche Übungsanleitung dazu im Praxisteil, siehe »Der Weg durch die Wüste der Wahrheit« und »Prinzip freier Sonntag«.) Seien Sie radikal dabei. Erlauben Sie sich ruhig Fehler; es geht nicht darum, eine Leistung zu erbringen, für die Sie sich auf die Schulter klopfen können; es geht darum, die Methode zu studieren, zu erproben. Es geht ums Üben. Probieren Sie aus, wohin es Sie führt, immer Ihrem Gefühl zu folgen, jenen Impulsen, die ohne äußere Anregung von innen her auftauchen, oder jenen Gedanken, die nicht das Resultat von Überlegungen sind, sondern unmittelbar aus Ihrem Innern aufsteigen. Merken Sie sich die Art der Impulse (Gefühl, Gedanke, Bild) und notieren Sie die Resultate. Biegen Sie nach rechts ab, wenn es Sie nach rechts zieht. Kaufen Sie ein Los, wenn der Gedanke auftaucht, ein Los zu kaufen. Setzen Sie sich ins Gras, wenn der Wunsch auftaucht, sich ins Gras zu setzen. Ein »Fehler« bei diesem Üben könnte darin bestehen, einem Gedanken zu folgen, der nicht von innen aufgestiegen ist, sondern Resultat ist von Erinnerungen, Überlegungen oder von Reizen, die von außen auf Sie zukommen. Es ist Teil des Übens, solche Fehler zu machen und festzustellen, wohin Sie das führt. Es ist wichtig. Kreiden Sie sich Fehler bitte nicht als Versagen an. Sie sind notwendiger Teil des Lernprozesses.

Wenn Sie auf diese Weise üben, werden Sie Ihren einzigartigen, ganz eigenen Zugang zu Ihrer inneren Stimme finden. Sie werden lernen, woran Sie sie erkennen, und Sie werden lernen, auf sie zu achten. Und Sie werden lernen, ihr zu vertrauen.

Der inneren Stimme vertrauen

Nicht, wie du entscheidest, ist entscheidend,
sondern dass du deine Entscheidung triffst
aus der Ganzheit deiner selbst heraus,
aus dem Bewusstsein der Fülle,
der Geborgenheit,
aus der Tatsache heraus,
dass alles vollkommen ist,
immer und ohne Ausnahme.

AUS: DEN WEG DES HERZENS GEHEN

Um sein Leben völlig der Führung durch die innere Stimme anzuvertrauen, braucht man großes Vertrauen. Aber dieses Vertrauen kann man sich, wenn man es nicht von Natur aus besitzt, nicht einfach zulegen, wie man sich einen neuen Mantel anschafft oder Sprachkenntnisse erwirbt. Man kann es sich nicht einreden; man kann es nicht über den Verstand erwerben; noch nicht einmal tiefe spirituelle Erfahrungen in der Meditation können einen aus psychologischen Gründen bestehenden Mangel an Vertrauen beheben. Erkenntnisse, die wir auf der spirituellen Ebene gewonnen haben, sowie Schlussfolgerungen, die wir aus angelesenem Wissen gezogen haben, können uns noch so sehr davon überzeugen, dass wir allen Grund haben, dem Leben grundsätzlich zu vertrauen, und dass Angst unnötig sei: Wenn »George«[8] – unser Unterbewusstsein – oder das innere Kind Angst haben, ist auf die Dauer kein mentales Kraut dagegen gewachsen. Was die Angst in unserem Innern – die tiefe, irrationale, aber psychologisch immer begründete Angst, die aus vergangenen Erfahrungen herrührt – braucht, damit der Teil von uns, der unter ihr leidet, sich entspannen kann, sind Verständnis, Achtung und Mitgefühl. Auf einer oberflächlichen Ebene mag es für eine Weile helfen, sich selber die Angst mit guten Argumenten auszureden; aber erst wenn wir bereit sind, unsere Angst kennen zu lernen, sie körperlich zu spüren und ins Herz zu schließen, wird sie aufhören, uns zu beherrschen.

Wenn wir Vertrauen gewinnen wollen, müssen wir uns also unserer Angst zuwenden. Vor jedem neuen Schritt, den wir tun wollen, der aber Angst in uns auslöst, müssen wir tief durchatmen und unserer Angst mit Verständnis und Mitgefühl gewahr werden. Eventuell müssen wir ihr sogar zunächst einmal nachgeben, indem wir sagen: Ich fühle, dass ich überfordert wäre, wenn ich diesen Schritt jetzt tun würde … Ich werde mich erst einmal um meine Angst kümmern, indem ich die Angst ganz bewusst da sein lasse und respektiere.

Die Angst – das ängstliche Kind in unserem Innern – sozusagen fest in den Armen unseres Herzens haltend, können wir dann wagen, den gefürchteten Schritt zu tun. Wir fühlen dann unsere Angst, aber sie beherrscht uns nicht mehr.

Mit all dem will ich nicht sagen, dass es überflüssig sei, sich eine spirituelle Grundlage für grundsätzliches Vertrauen zu schaffen. Im Gegenteil, diese spirituelle Grundlage ist die Basis dafür, dass man sich überhaupt entschließen kann, den Weg der inneren Stimme zu gehen. Techniken, die uns helfen, die Einheit allen Seins, die allem zugrunde liegende Liebe und die alles durchdringende und erschaffende Intelligenz des Universums zu entdecken, sind natürlich vor allem Meditation und Gebet.

Meditation in diesem Sinne hat verschiedene Stufen. Die Grundstufe besteht darin, überhaupt erst einmal in die Stille einzutreten, indem man seine Aufmerksamkeit an den Atem heftet, bewegungslos und aufrecht sitzt und jedes Einatmen und jedes Ausatmen wahrnimmt, bis der Geist sich beruhigt hat. Gedanken kommen und gehen, aber man folgt ihnen nicht; man bleibt präsent und seines Atems gewahr.

Eine weitere Stufe besteht darin – nachdem man still geworden ist –, sich nach innen zu wenden. Das bedeutet, dass man seine Bewusstheit anstatt auf die äußere Welt auf die inneren Dimensionen richtet, die sich hinter der äußeren Welt verbergen. Hier ist nicht die psychische Innenwelt der eigenen Gedanken und Gefühle gemeint, sondern das innere Wesen (anstelle seiner Erscheinungsform). Ähnlich wie ein Eremit sich in eine Höhle zurückzieht, um sein Gewahrsein ganz auf die eigentliche Wirklichkeit hinter den Dingen zu richten, ziehen wir unsere Aufmerksamkeit von den Angelegenheiten der äußeren Welt ab und richten sie auf die innere Realität. Hier betreten wir eine Sphäre, in der Dinge und Menschen nicht mehr als von uns getrennt wahrgenommen werden. Wenn Sie beispielsweise an einen anderen Menschen denken, so stellen Sie ihn sich normalerweise so vor, wie Sie ihn zuletzt gesehen haben: sein Gesicht, seine Gestalt, sein Lächeln, seine Haltung, vielleicht seine Stimme, seine Ausdrucksweise. Wenn Sie aber »über innen« mit ihm in Kontakt treten, so berühren Sie sein Wesen und erhalten eine Ahnung davon, wie er sich fühlt. Sie spüren das in Ihrem eigenen Innern.

Eine weitere Stufe der Meditation besteht darin, sich über die Ebenen der alltäglichen Wahrnehmung zu erheben und höherer Dimensionen bewusst zu werden. Es ist unsere Sehnsucht nach Freiheit, nach Schönheit, nach Liebe, nach unserer ursprünglichen Lichtnatur, unserer Reinheit und Unschuld, nach unserem höchsten Ideal, die uns dazu verhilft. Sie kann uns sozusagen hochheben, wenn wir ihr in der Meditation folgen. Manchmal wird diese Sehnsucht durch etwas geweckt, das uns irgendwie daran erinnert, dass es eine erhabenere Welt jenseits der Welt unserer gewöhnlichen Wahrnehmung gibt:

durch Musik, vielleicht von Mozart oder Bach, durch die überwältigende Stille der Natur in den Bergen oder in der Wüste oder den Anblick des nächtlichen Sternenhimmels. (Mehr zur Inspiration der höheren Ebenen in den letzten drei Buchkapiteln.)

Wenn Sie sich mit höheren Ebenen Ihres Wesens vertraut machen, kann das Ihren Verstand und Ihr Herz für das Vorhandensein einer höheren Realität öffnen, von der Sie spüren, dass Sie sich ihr vertrauensvoll hingeben können oder möchten. Auf der anderen Seite wächst das Vertrauen in die innere Stimme einfach dadurch, dass man ihr folgt und dann feststellt, dass das Ergebnis zufrieden stellend oder sogar überwältigend positiv ist. Mit jedem Erlebnis dieser Art lassen wir ein wenig Furchtsamkeit los und fassen etwas mehr Vertrauen.

Vertrauen kommt durch Loslassen, Loslassen durch Annehmen

Wollen und Nichtwollen
sind beide Produkte deines Denkens.
Gib sie auf.
Vertraue Meinem Denken.
Es ist vollkommen
in jedem Augenblick.

AUS: DEN WEG DES HERZENS GEHEN

Sich zu entschließen, grundsätzlich seiner Intuition zu vertrauen, bedeutet notwendigerweise loslassen. Im Allgemeinen hat man eine Vorstellung davon, wie die Dinge laufen sollen, wenn sie gut laufen. Diese Vorstellung ist es, die man loslassen muss. Die innere Führung weist einem möglicherweise einen ganz anderen Weg als den, den man sich vorgestellt hat. Wenn wir versuchen, willentlich etwas loszulassen, werden wir allerdings meistens damit konfrontiert, dass wir das nicht können. Als wären sie mit einer dehnbaren, gummiartigen Klebesubstanz mit uns verbunden, kehren die Vorstellungen und Konzepte zu uns zurück, nachdem wir sie vermeintlich losgelassen haben.

Man erkennt das daran, dass man nach dem gedanklichen Akt des Loslassens dieselben Gedanken und Ängste in seinem Bewusstsein vorfindet wie zuvor.

In manchen Fällen gelingt es, durch einfachen Beschluss sofort und vollständig loszulassen. In den meisten Fällen funktioniert das nicht, denn wir halten ja deshalb fest, weil wir eben nicht loslassen wollen. Deshalb muss man sich den Gefühlen, die hinter dem Nicht-loslassen-Können stecken, zuwenden. Letztlich handelt es sich immer um Angst. Diese Angst verschwindet nicht, wenn wir uns von ihr abwenden, sondern wir müssen uns – im Gegenteil – ihr einmal vollständig zuwenden, sie ausgiebig und vollständig fühlen und würdigen. So kann der Teil unserer selbst, der diese Angst erleidet, sich wahrgenommen, verstanden und angenommen fühlen, und die Anspannung lässt nach. Hat die Angst auf diese Weise einen sicheren Platz in unserem Herzen bekommen, fällt das Loslassen nach und nach ganz von selber immer leichter.

Manchmal allerdings – vorausgesetzt, wir haben diese Arbeit wirklich und aufrichtig getan – müssen wir danach unseren Willen einsetzen, um unsere Vorstellungen und Konzepte loszulassen; dann nämlich, wenn es sich um hartnäckige Denkgewohnheiten handelt, die nun, obwohl ihres emotionalen Inhalts (der Angst) beraubt, trotzdem noch unseren Bewusstseinsinhalt strukturieren, ganz einfach deshalb, weil wir so sehr daran gewöhnt sind, dass es uns schwer fällt, anders zu denken. (Tatsächlich handelt es sich um eingefahrene Schneisen im Gehirn, um regelrechte Bahnen in der physischen Hirnsubstanz.) Hier, und nur hier, kann es sinnvoll sein, positive Affirmationen einzusetzen. Affirmationen (positive Bestätigungssätze wie »Ich bin voller Vertrauen«) sind meines Erachtens unsinnig, ja können sogar schädlich sein, wenn wir sie benutzen, um vorhandene negative Gefühle, wie beispielsweise Angst, zu überreden, sich in positive Gefühle zu verwandeln (was gleichbedeutend ist mit verdrängen). Das negative Grundgefühl muss erst vollständig angenommen sein. Der Wandel zum Positiven, der sich von selbst ergibt, wenn wir die Angst in unser Herz aufnehmen, kann dann verstärkt und unterstützt werden durch eine entsprechende positive Affirmation. Sie muss einem Moment echter Erkenntnis entspringen und so formuliert sein, dass wir sie durch und durch verstehen und annehmen können.

Gewohnheitsgedanken »loszulassen«, nachdem die entsprechende Tiefenarbeit getan ist, bedeutet, diese Gedanken, wenn sie auftauchen, einfach kurz zur Kenntnis zu nehmen und sich dann von ihnen ab und dem zuzuwenden, was im jeweiligen Augenblick gerade zu tun ist (beziehungsweise, wenn es während einer Meditation geschieht, zur Wahrnehmung des Atems zurückzukehren). Es ist sinnlos, diese Gedanken mit Gegenargumenten zu bekämpfen, damit schreibt man ihnen Realität zu. Dass sie wieder auftauchen, ist normal. Nur lässt man sich nun nicht mehr von ihnen fangen, fällt nicht mehr auf sie herein.

Es erscheint uns wie ein Wagnis, alle unsere Vorstellungen davon, wie die Dinge laufen sollen, loszulassen und einzig und allein unserer Intuition zu vertrauen, ganz besonders, wenn wir es mit Problemen zu tun haben, die wir für existenzbedrohend halten. Niemand kann Ihnen garantieren, dass das, was als innere Stimme oder Gefühl in Ihrem Bewusstsein auftaucht, wirklich die Stimme der Intuition ist, die sich niemals irren kann. Herausfinden können Sie das nur durch Handeln. Es gibt keinen anderen Weg. Je mehr man sich auf das Wagnis einlässt, der inneren Stimme statt den Konzepten des Verstandes zu folgen, desto leichter kann man mit der Zeit loslassen, wobei zugleich das Staunen darüber wächst, bis zu welchem Ausmaß man sich trauen kann, die eigenen Pläne und Wünsche einer höheren Führung anzuvertrauen. Eine Zeit lang mag es einem vorkommen, als würde das Wagnis immer furchterregender werden, und es mag Momente im Leben geben, da man sich von allen guten Geistern verlassen fühlt. Aber wenn man jeden Tag seine Einstellung überprüft und erneuert, sich gewissenhaft und liebevoll um seine Angst kümmert und in enger Führung bleibt mit seinem inneren Selbst (durch Meditation und Gebet), dann kommen täglich Zeichen, Hinweise und Antworten, sei es von innen, sei es von außen. Das Leben – Gott – spricht zu uns, ständig und durch alles, wir müssen nur zuhören (»Wer Ohren hat zu hören ...«) und uns auf den Dialog ernsthaft und ehrlich einlassen.

In Problemsituationen oder Krisen denken wir manchmal an das Sprichwort »Hilf dir selbst, dann hilft dir Gott«. Durch meine körperzentrierte Herzensarbeit habe ich eine vollständigere als die übliche Art entdeckt, dieses Sprichwort zu verstehen und anzuwenden. Nehmen wir an, Sie sehen sich einem Berg von Problemen gegenüber, die zu bewältigen Sie sich nicht in der Lage fühlen. Nun einfach ein wenig Aufräumarbeit selber zu tun und dann die Hände in den Schoß zu legen und zu Gott zu sagen: »Den Rest mach bitte du« – das reicht nicht aus. Sondern Sie müssen sich dem Gesamtausmaß der Katastrophe stellen, indem Sie sich ganz auf die Situation einlassen und wagen, alles zu fühlen, was sie in Ihnen auslöst – Panik, Verzweiflung, Ohnmacht, Überforderung oder was auch immer –, und wenn Sie Ihren inneren und äußeren Katastrophenzustand vollständig gewürdigt haben, dann können Sie zu Gott oder dem Geist des Lebens sagen: »Schau her, das ist der Zustand, in dem ich mich befinde. Ich überantworte ihn dir. Bitte hilf.« Rückhaltlos, nichts vertuschend oder verharmlosend, aber auch nichts übertreibend, richten Sie den Strahl Ihres Bewusstseins auf die innere und äußere Situation, und indem Sie das tun, lenken Sie sozusagen den göttlichen Blick auf Ihre Lage. Dann können Sie alles übergeben, alles loslassen und sich der Führung Ihrer inneren Stimme anvertrauen.

Oft denken wir, dass die Lage sich unbedingt ändern müsse, und verzweifeln darüber, dass sie sich anscheinend nicht ändern will. Das ist ein Hinweis darauf, dass wir innehalten und uns die Situation so, wie sie ist, anschauen und annehmen müssen; vorher kann sie sich nicht ändern. Können Sie beispielsweise das Gefühl, festzustecken und nicht weiterzuwissen, annehmen, ohne sich dagegen zu wehren? Können Sie es zulassen, sich so zu fühlen? Wie fühlt sich das im Körper an? Können Sie Ihr Herz für dieses Gefühl aufmachen? Können Sie das Gefühl von Aussichtslosigkeit oder Stagnation annehmen? (Annehmen heißt nicht, in die Zukunft projizieren als etwas, was für immer so bleibt, sondern anerkennen als etwas, das jetzt da ist – indem man es zulässt, sich so zu fühlen, und aufhört, sich dagegen zu wehren.) Manchmal ist das alles, was gebraucht wird, damit die Dinge sich ändern können. Wenn Sie so vorgehen – jeweils das, was ist, fühlen und annehmen, ohne Gegenwehr –, sind Sie im Fluss. Und wenn Sie im Fluss sind, können Sie sich mühelos von Ihren Eingebungen, Ihrem Gefühl und von den Hinweisen, die der Geist des Lebens Ihnen durch Ereignisse und Mitmenschen gibt, führen lassen.

Im Fluss sein

Du labst dich an Bildern aus der Vergangenheit und sagst:
»Das war schön. Das will ich wieder haben.«
Törichtes Kind! Die Vergangenheit, die du liebst, ist Teil von dir geworden; auf ewig dein … deine Erinnerungen im Kopf herumzuwälzen ist so, als würdest du deine Exkremente verzehren, anstatt dir neue und frische Nahrung zuzuführen! Denn unendlich ist die Fülle an neuer und frischer Nahrung, die das Universum, der sich stetig erneuernde Leib der Allmutter, für dich bereithält.

AUS: DIE STIMME DES HERZENS

Alles ist so leicht, wenn man im Fluss ist und dem roten Faden der inneren Stimme folgt. Sie kennen das sicher. Alles klappt wie am Schnürchen, und es ist fast, als bewegten wir uns tanzend durchs Leben. Leider ist das bei den meisten von uns ein Ausnahmezustand. Im Allgemeinen sind wir entweder nicht im Fluss oder lassen uns von den Ereignissen, Herausforderungen und Anforderungen, die an uns herangetragen werden, treiben, sodass wir das, was uns eigentlich wichtig ist, aus den Augen verlieren. Dann sind wir zwar auch im Fluss, aber fallen sozusagen dem Fluss der Ereignisse zum Opfer wie ein Stück Treibholz oder ein Blatt, das von den Fluten davon getragen wird. Das ist nicht das, was gemeint ist mit »im Fluss sein« und »dem roten Faden der inneren Stimme folgen«. Wir folgen dann nämlich nicht den Impulsen, die von innen kommen, sondern den Reizen, die von außen kommen.

Das Wissenschaftlerehepaar Dr. L. & L. Pearson hat in seinem Buch »Psycho-Diät«[9] zwei treffende Ausdrücke geprägt, die den Unterschied zwischen diesen beiden Vorgehensweisen bezeichnen. Die Pearsons sprechen – hier bezogen auf die Welt der Ernährung – von »Summen« und »Winken« (amerikanisch: »humming« und

»beckoning«). Originalzitat: »Wenn etwas für Sie ›summt‹, sehnen Sie sich wirklich danach – auch wenn es im Moment nicht erreichbar ist. Wenn etwas ›winkt‹, dann haben Sie sich ursprünglich nicht danach gesehnt. Es ist plötzlich da und kann gegessen werden – ›es sieht lecker aus‹, ›es wird sicher schmecken‹, es regt den Appetit an. Mit anderen Worten: ›Summen‹ bedeutet, dass Sie etwas essen wollen, ›Winken‹ bedeutet, dass etwas gegessen werden will … ›Winkt‹ Ihnen etwas, so kommt dieser Wink nicht aus Ihrem Innern.«

Am roten Faden seiner inneren Stimme zu leben bedeutet in dieser Terminologie, den Dingen nachzugehen, die »summen«, anstatt sich von denen leiten zu lassen, die »winken«.

Nehmen wir an, Sie sehnen sich nach roten Schuhen. Sie fahren in die Stadt, um sich nach roten Schuhen umzusehen. Schon im ersten Schuhgeschäft stoßen Sie auf weiße Tennisschuhe, die schön, preiswert und praktisch sind. Sie kaufen sie. Nebenan im Schaufenster lockt ein T-Shirt, und Sie meinen, es könne ja nicht schaden, mal in den Laden hineinzuschauen. Als Sie ihn wieder verlassen, haben Sie neben dem T-Shirt aus dem Schaufenster noch eine Hose und ein Kleid gekauft. Inzwischen sind Sie müde und hungrig geworden. Im nächstbesten Restaurant nehmen Sie einen Imbiss zu sich, und dann fahren Sie nach Hause. Kein Geld und keine Energie mehr, um sich nach roten Schuhen umzusehen.

So verschwenden wir viel Zeit, Geld und Energie mit Dingen, die »winken«, und vernachlässigen das, wonach wir uns eigentlich sehnen. Das kann so weit gehen, dass wir so sehr damit beschäftigt sind, auf Ereignisse, Anrufe, Briefe und die immer neuen Anforderungen der Welt zu reagieren, dass wir das, worum es uns im Leben geht, völlig aus den Augen verlieren.

Hier kann eine Radikalkur helfen. Pearson & Pearson

haben vielen Menschen geholfen, sich von ihrem Übergewicht zu befreien, indem sie sie dazu brachten, dem »Summ-Prinzip« zu folgen. Ihre Diätanweisung war einfach: Essen Sie genau das, was Sie essen möchten, in genau der Menge, nach der es Sie gelüstet, genau so, wie Sie gern essen möchten, und genau dann, wenn Sie es essen möchten. Da das zu Hause nicht so leicht durchzuführen ist, haben sie in ihrer Klinik den Patienten den geeigneten Rahmen dafür geboten. Die Patienten lernten, »Summen« von »Winken« zu unterscheiden und sich von sämtlichen Ernährungsvorschriften und Tabus zu befreien. Fast alle verloren auf diese Weise ihr Übergewicht.

Wenn wir diese Radikalkur auf unser gesamtes Leben anwenden wollen, so müssen wir auf zweierlei achten:

Erstens den Impulsen, die von innen kommen (nicht als Reaktion auf äußere Reize oder Ereignisse, sondern von selber), Aufmerksamkeit schenken und Wege finden, sie zu realisieren; zweitens zwischen einen Reiz, der aus der Außenwelt auf uns zukommt, und unsere Reaktion einen »Puffer« setzen (wie im Kapitel »Den Weg frei räumen« bereits erwähnt). Was auch immer geschieht: Wir sollten möglichst nicht sofort antworten oder reagieren, sondern uns einen Augenblick Zeit nehmen, um zu uns zu kommen und zu prüfen: »Will ich das wirklich?«, oder: »Wie fühlt sich das an?«

Auf diese Weise können wir lernen, mehr »innengesteuert« als »außengesteuert« zu leben. Es erfordert einige Disziplin und vor allem viel Aufmerksamkeit (»Achtsamkeit«), aber es lohnt sich. Ich schlage vor, als Einstieg in eine solche Lebensweise hierfür ausdrücklich eine Trainingszeit anzuberaumen. Vielleicht einen Zeitraum von einem Monat, in dem Sie mit dem Summ- und Wink-Prinzip arbeiten, indem Sie sich täglich mehrmals an diese beiden Punkte erinnern und zur Unterstützung Ihrer Fortschritte Tagebuch führen.

Im Fluss zu sein bedeutet auch, an nichts festzuhalten, nirgendwo kleben zu bleiben, sich nicht allzu lange umzuschauen nach dem, was vergangen ist, und sich auch nicht allzu lange mit Fantasien darüber aufzuhalten, wie die Zukunft sein soll. Das ist natürlich leichter gesagt als getan.

Das Geheimnis liegt darin, vollständiger zu leben. Der amerikanische Arzt und Lebenslehrer Richard Moss[10] spricht von »radikaler Lebendigkeit«.

Wie schon im vorigen Kapitel gesagt, sind wir nur dann in der Lage, etwas loszulassen, wenn wir alles, was das, woran wir festhalten, mit uns macht, vollständig erleben. Verdrängen wir einen Teil unserer Gefühle, so können wir nicht weitergehen. Etwas in uns wird immer festhalten; jener Teil unserer selbst nämlich, dessen Gefühle in Bezug auf die betreffende Angelegenheit nicht gewürdigt wurden.

Ereignisse, Beziehungen und Begegnungen, die uns glückliche Momente gebracht haben, halten wir in unserem Bewusstsein gern fest, weil wir hoffen, auf diese Weise das Schöne, das sie in uns ausgelöst haben, zu verewigen. Leider gerät dabei unser innerer Fluss ins Stocken, und wir verlieren ganz oder teilweise die Fähigkeit, uns für Neues zu öffnen und zu begeistern.

»Auch Glück wird ranzig«, schrieb Prentice Mulford[11]. »Wer sich hermetisch in gegenwärtiges oder vergangenes Glück einschließt, wird in ihm auch alt und grau.«

Wie aber können wir vergangenes Glück loslassen, an dem wir verzweifelt festhalten? Wie kann man überhaupt etwas loslassen, woran man verzweifelt festhält? Indem man das Festhalten annimmt. Der Teil unserer Psyche, der festhält, muss gewürdigt werden. Alle Emotionen, die mit dem Festhalten verbunden sind, müssen körperlich und psychisch gefühlt und vom Herzen verstanden und angenommen werden. Eine gewaltige Erleichterung durchzieht das gesamte Wesen, wenn wir uns die Gefühle, die hinter dem Festhalten stecken, endlich erlauben. Manchmal geschieht das Loslassen in eben dem Augenblick, da man für das Festhalten sein Herz aufmacht. Manchmal braucht es ein wenig Zeit.

In einer problematischen Beziehungssituation habe ich dies einmal sehr drastisch erlebt. Ich hatte eine starke Verstrickung entdeckt und fragte mein höheres Selbst, wie ich sie lösen könne. »Der Wunsch macht es«, lautete die Antwort. »Prüfe, ob der Wunsch nach Befreiung vorhanden ist.« Nun, ich brauchte keine drei Sekunden, um festzustellen, dass der Wunsch nach Befreiung keineswegs vorhanden war. Ich merkte, dass ich Angst hatte, meinen Freund zu verlieren, wenn ich die psychisch-energetischen Stricke löste, die uns aneinander fesselten. An dieser Stelle meiner Betrachtungen fiel mir Bert Hellinger[12] mit seinen Familienaufstellungen ein und meine in diesem Zusammenhang gemachte Erfahrung, dass es hilfreich und befreiend ist, die Wahrheit (die eigene psychologische Wahrheit) genau zu formulieren und auszusprechen. Ich dachte also an meinen Freund und formulierte laut meine Wahrheit, die da lautete: »Ich möchte die Verstrickung behalten, weil ich dich behalten möchte. Ich habe Angst, dich zu verlieren, wenn ich die Stricke löse.« Schon während ich diese Sätze aussprach, fühlte ich eine neue Freiheit in mir. Indem ich mein Festhalten an der Verstrickung annahm und artikulierte, begann ich bereits, sie loszulassen.

Ein weiterer Punkt ist wichtig, wenn wir glückliche Erinnerungen loslassen möchten. Wir können etwas Schönes nur loslassen, wenn wir es in uns aufgenommen haben. Wenn wir einen wunderbaren Schokoladenkuchen gesehen und gerochen, aber nichts davon gegessen haben, vielleicht nur ein kleines Stück zum Probieren, und wenn dieser Schokoladenkuchen darüber hinaus vielleicht genau die Art Nahrung ist, nach der wir uns gesehnt haben, dann wird es uns schwer fallen, die Erinnerung an den Kuchen loszulassen. Wesentlich leichter fällt es, wenn wir uns an ihm satt gegessen haben. Und noch leichter, wenn wir uns nicht nur an ihm satt gegessen, sondern auch jeden Bissen bewusst genossen haben.

Wie kann man sich an Erinnerungen satt essen?

Zunächst einmal: Besser ist es natürlich, wenn man das Prinzip »satt essen und genießen« in der Gegenwart praktiziert, nämlich mitten in der angenehmen Situation und nicht erst im Rückblick. Nehmen wir an, Sie sitzen mit dem wunderbaren Wesen, in das Sie sich gerade verliebt haben, Händchen haltend auf einer Bank im Mondschein. In welchen Modus ist Ihr Bewusstsein geschaltet? Ist es ziel- und zukunftsorientiert, oder ist es gegenwärtig? Mit anderen Worten: Treiben Sie die Dinge voran, weil Sie ein Ziel im Kopf haben, oder genießen Sie den Zauber des Augenblicks in vollen Zügen? Und weiter: Wo sind Sie, während Sie mit diesem Menschen Händchen halten? Wo ist Ihr Bewusstsein? Ist es in Ihrem Körper, in Ihrem Herzen? Oder ist es in der Welt Ihrer Gedanken? Oder ist es bei Ihrem Partner oder Ihrer Partnerin? Sind Sie bei sich oder außer sich?

Atmen Sie die Fülle, die Schönheit, das Glück, die Intensität, die Freude, das Leben dieses Augenblicks, die Wärme der Körperberührung, die Nähe dieses fremden Herzens tief in sich hinein. Erleben Sie all dies bewusst in Ihrem Innern, in Ihrem Herzen, Ihrem Körper. Auf diese Weise können Sie das alles vollständig in sich aufnehmen, sodass es Bestandteil Ihres Wesens wird (anstatt an diesen Ort, diesen Menschen und diese Zeit auf der Parkbank gebannt zu bleiben). Wenn Sie das tun, hat es den weiteren Vorteil, dass Sie mit Ihrem Gegenwärtig- und Lebendigsein Ihrem Partner so viel von sich geben, wie Sie können – wesentlich mehr, als wenn Sie dem nächsten Augenblick entgegenfiebern oder Ihre Aufmerksamkeit bei Gedanken ist, die Sie von der Nähe des geliebten Menschen ablenken. Tauchen in solchen glücklichen Momenten auch einmal Anwandlungen von Angst oder Trauer auf, so fühlen Sie auch diese Emotionen, so tief Sie können, während sie Ihr Gemüt durchziehen.

Was Situationen angeht, die Sie als unangenehm oder schmerzhaft empfinden, so gilt sinngemäß die gleiche Empfehlung. Auch sie kann man leichter hinter sich lassen, wenn man sie, während sie geschehen, vollständig erlebt; das heißt, wenn man die Gefühle, die die Situation auslöst, auch wirklich fühlt (anstatt nur, wenn überhaupt, um sie zu wissen). Atmen Sie tief, während Sie Ihre Wut fühlen – sie bewusst wahrnehmen, anstatt sich mit ihr zu identifizieren – oder Ihren Schmerz, Ihre Angst, Ihren Ärger. Wie fühlt sich das an? Was geschieht dabei in Ihrem Körper?

Wenn Sie merken, dass Sie an einer vergangenen Situation, sei sie erfreulich oder unerfreulich, im Geist festhalten und beim besten Willen nicht in der Lage sind, sich von ihr zu lösen, können Sie das vollständige Erleben der Situation nachholen. Denken Sie an die Situation, während Sie bewusst atmen und wahrnehmen, wie Ihr Körper auf die Erinnerung reagiert. Erleben Sie Ihre körperliche und emotionale Reaktion, bewusst atmend, so vollständig wie möglich; lassen Sie es zu, alles zu fühlen, was Sie dabei fühlen; und schließlich, wie an früheren Stellen bereits gesagt, finden Sie einen Weg, diesen Gefühlen Ihr Herz zu öffnen.

Bei schönen Erinnerungen sollten Sie, um sich von ihnen lösen zu können, zusätzlich die Essenz der Begegnung, Beziehung oder Begebenheit in sich aufnehmen. Denken Sie an die Situation, rekapitulieren Sie sie von Anfang bis Ende und atmen Sie dabei die Essenz, die Atmosphäre, den »Geschmack« dieser Erfahrung ein. Füllen Sie Ihr Herz damit. Auf diese Weise wird die Essenz der vergangenen Erfahrung verewigt, wird gegenwärtiger, lebendiger Bestandteil Ihres Wesens, und danach wird es Ihnen leichter fallen, sich vom Ballast der konkreten Erinnerung zu befreien.

Auf diese Weise schaffen Sie die Voraussetzungen dafür, wieder »im Fluss« zu sein und sich dem Neuen und der Intuition der Zukunft zu öffnen.

Und schließlich dürfen wir auch die Wichtigkeit des Trauerns nicht vergessen. Wenn etwas, das für uns schön und bedeutsam war, unwiederbringlich vorbei oder verloren ist, müssen wir durch eine Zeit des Schmerzes gehen und aufrichtig trauern. Solange wir das nicht tun, weigern wir uns, uns dem Schmerz des Verlusts zu stellen, und damit leugnen wir die Realität der Trennung oder des Verlusts. Ein Teil von uns tut so, als gäbe es den Verlust nicht wirklich, und hält somit an der Vergangenheit fest. Dieser Teil hindert uns, solange er nicht entdeckt und mit Aufmerksamkeit und Liebe versorgt ist, am Weitergehen – er behindert den Fluss unseres Fühlens und Lebens.[13]

Die Intuition der Zukunft

... Du lässt Vergangenheit Vergangenheit sein und öffnest dich jenen Strömen der Inspiration, deren Ursprung jenseits der Zukunft liegt. So kann das Neue – das Ewig-Neue – Licht und Leben in die trübe Enge deiner Gedanken bringen.
Das Ewig-Neue kommt aus der Sphäre des ewigen Kindes, das, zeitlos, rein und unbelastet, im schöpferischen Spiel die Welt gestaltet.
Willst du teilhaben an diesem Spiel, so übe nur das: gegenwärtig sein.

AUS: DIE STIMME DES HERZENS

Manchmal taucht in uns eine Ahnung auf, eine flüchtige Vision einer neuen Möglichkeit, eine Intuition der Zukunft. Ich meine nicht jene Augenblicke, in denen wir mit unserem Leben unzufrieden sind und uns ausmalen, wie es stattdessen sein könnte; sondern ich meine eine Ahnung, die uns aus heiterem Himmel überfällt – die Ahnung einer neuen Möglichkeit, an die wir noch nicht gedacht haben, eine Andeutung von etwas, was sein oder werden könnte. Sind wir wach genug, um diese Andeutung zu erfassen, diese Chance zu ergreifen?

Wie kann man diese Art von Wachheit herbeiführen? Zum einen natürlich, wie schon öfter gesagt, indem man sich immer wieder von neuem darauf einstellt. Zum anderen, indem man der Möglichkeit, dass solche Intuitionen überhaupt auftauchen, Raum gibt. Man muss sich Freiräume schaffen; Zeiten, in denen die Gedanken nicht mit dem beschäftigt sind, womit sie üblicherweise beschäftigt sind; Zeiten, in denen die Gedanken überhaupt zur Ruhe kommen.

Gibt es in Ihrem Leben Momente wirklicher Frei-Zeit? Damit meine ich eine Zeit, in der Sie keine neuen Informationen und Eindrücke per Fernsehen, Radio, Buch, Internet, Gespräch oder Zeitung aufnehmen. Lange Spaziergänge, Bergwanderungen, überhaupt Wanderungen, bei denen man schweigt, sind eine gute Gelegenheit, um den Geist zu leeren; Meditation natürlich und Zeit, die man in der Natur verbringt und in der die Aufmerksamkeit mehr beim Lauschen ist als beim Sehen: zum Beispiel am Meer auf den Klippen sitzen und der Brandung und den Möwen zuhören; am Bach sitzen und dem Plätschern, Strömen und Fließen lauschen; auf leisen Sohlen durch den Wald gehen und hören, wie der Wind durch die Blätter streift.

So schaffen wir freien Raum in unserem Geist, Lücken, durch die neue Möglichkeiten in unserem Bewusstsein auftauchen können.

Zusätzlich kann eine Atemübung von Nutzen sein: Beobachten Sie zunächst eine Weile Ihren Atem, bis Sie sich entspannt haben und Ihr Atem ruhiger und langsamer geworden ist. Richten Sie dann beim Einatmen Ihre Aufmerksamkeit auf Ihre Vergangenheit bis hin zum gegenwärtigen Augenblick; verharren Sie dann, den Atem anhaltend, eine Weile im Bewusstsein des gegenwärtigen Augenblicks; und richten Sie dann Ihre Aufmerksamkeit, während Sie ausatmen, auf die Zukunft. Denken Sie an all das, was bereits vorbestimmt ist, was Sie geplant haben und was Sie sich erhoffen. Wenn Sie wieder einatmen, lösen Sie sich von allem, womit Sie Ihre Zukunft bereits verplant haben. Halten Sie den Atem an und verharren Sie im gegenwärtigen Augenblick. Atmen Sie wieder aus und richten Sie Ihre Aufmerksamkeit erneut auf die Zukunft, lassen Sie diesmal aber die Leinwand Ihres Bewusstseins leer. Stellen Sie sich vor, dass das Leben vor Ihnen liegt wie Neuschnee.

Wir haben die Tendenz, die Vergangenheit in die Zukunft zu projizieren, indem wir uns automatisch vorstellen, dass alles einfach folgerichtig weitergeht. Wir gestalten unsere Zukunft, indem wir die Linien der Vergangenheit fortschreiben. Auf diese Weise lassen wir in unserem Bewusstsein wenig Raum für neue, unvorhergesehene Möglichkeiten. Die eben beschriebene Atemübung kann eine Idee davon geben, wie es ist, die Freiheit und Neuheit des gegenwärtigen Augenblicks zu entdecken und unsere Vorstellung von der Zukunft einmal nicht von unseren vergangenen Erfahrungen festlegen zu lassen. Vielleicht fallen Ihnen weitere Übungen ein, wenn Sie Ihr Bewusstsein darauf einstellen, Freiräume in Ihrem Geist zu schaffen, die neuen Möglichkeiten Gelegenheit geben, sich Ihnen anzubieten. Stellen Sie sich, wenn dieses Thema Sie anspricht, einfach darauf ein und lassen Sie sich von Ihrer Intuition führen.

In »Führung durch Intuition«[14] heißt es: »Jedes Kapitel und jede Aussage dieses Buches entsteht gewissermaßen aus Punkt null, aus dem Augenblick. Genauso ist im Grunde genommen auch die Natur des Bewusstseins. Und wenn ihr sehr tief in die Natur der Wirklichkeit, wie ihr sie kennt, eindringen könntet, würdet ihr feststellen können, dass alles auf diese Weise entsteht. Es ist in Wahrheit nichts irgendwann in der Vergangenheit erschaffen worden, ein für alle Mal, um sich dann in die Zukunft hinein zu entfalten, gemäß einem vorgefassten Plan; sondern Schöpfung entsteht immer neu. Das Bewusstsein kehrt immer wieder in seinen Urgrund zurück, der so etwas Ähnliches ist wie Schlaf im Vergleich zum Wachsein, und kommt daraus hervor, frisch wie ein Neugeborenes, es sei denn, der Mensch besteht darauf, bestimmte Elemente, die normalerweise flüchtig und vergänglich sind, festzuhalten und sie sich zu festen Strukturen innerhalb seines Bewusstseins verdichten zu lassen, sodass er dann festes Mobiliar in seinem Bewusstsein hat.«

Um unser Bewusstsein immer wieder in diesen jungfräulichen »Punkt null« sozusagen einzufalten, müssen wir üben, unseren Geist zu entspannen, für Momente locker zu lassen, sozusagen alles loszulassen, woran unsere Denktätigkeit haftet, sodass die Inhalte, die unser Bewusstsein bevölkern, aus ihm hinauspurzeln. Auf diese Weise geben wir dem Geist – nicht »unserem« persönlichen Geist, sondern dem einen und einzigen Geist, aus dem alles entsteht – die Möglichkeit, in unserem Bewusstsein in schöpferischer Weise aktiv zu werden und etwas Neues zu gestalten.

Intuition und persönliche Ziele

Wisse Mich hinter dir
in all deinen Handlungen!
Ich bin nur hinter dir,
wenn du eins bist.
Wenn du A denkst,
B fühlst
und C tust,
wo soll Ich hinter dir sein?
Sei eins
und wisse Mich hinter dir.
Und sei nicht zaghaft!
Setze Mir keine Grenzen!

AUS: DEN WEG DES HERZENS GEHEN

Die Intuition des täglichen Lebens – die innere Stimme – steht durchaus im Dienst unserer persönlichen Ziele, wenn wir entsprechend eingestellt sind. Sie ist eine Funktion unserer Intelligenz ebenso wie der rationale Verstand. Genau so, wie wir diesen dazu einsetzen können, eine mathematische Aufgabe zu lösen, die beste Reiseroute nach Barcelona herauszufinden oder den idealen Standort für unsere Firma zu wahlen, können wir auch unsere Intuition zu beliebigen selbst gewählten Zielen gebrauchen, sei es, um Menschen zu helfen, die ihre Probleme an uns herantragen; sei es, um im Spielkasino zu gewinnen; sei es, um jemanden zu finden, den wir gern treffen möchten, von dem wir aber nicht wissen, wo er sich aufhält.

Es war in einer großen Veranstaltung mit Hunderten von Teilnehmern, die über ein großes Gelände verteilt waren. Ich sehnte mich danach, meinen Freund Jerry zu treffen, hatte aber keine Ahnung, wo auf diesem Gelände er sich aufhielt. »Wie kann ich ihn finden?«, fragte ich mein inneres Selbst. »Ganz einfach«, sagte es, »du musst nur deinen Füßen folgen.« Zuerst versuchte ich noch, mithilfe der in meinem Hirn eingespeicherten Daten die wahrscheinlichsten Aufenthaltsorte abzusuchen. Natürlich ohne Erfolg.

Endlich gab ich auf und spazierte absichtslos, wohin mich die Füße trugen. Ich war noch keine zwanzig Meter gegangen, als ich auf Jerry stieß.

Die innere Führung hilft uns, unsere Ziele zu erreichen und uns unsere Wünsche zu erfüllen. Wir können uns natürlich auch ganz und bedingungslos der inneren Führung verschreiben, ohne persönliche Ziele und Wünsche zu verfolgen. Wenn Sie ein einigermaßen normaler Mensch sind, wird das allerdings nicht funktionieren, denn dann haben Sie Wünsche. Und gegen echte Wünsche ist kein Kraut gewachsen; man kann höchstens entscheiden, ob man sie ins Herz schließt oder sie ablehnt und unterdrückt. Letzteres schafft nur Verwirrung. Warum sollten Sie nicht wünschen, was Sie wünschen? Vielleicht, weil Ihr Wunsch andere Menschen mit einbezieht oder betrifft? Nun, diese anderen Menschen haben ihr eigenes Schicksal und ihren eigenen freien Willen; vorausgesetzt, Sie respektieren dies – warum sollen Sie nicht zu Ihren Wünschen stehen? Die anderen können ja Nein sagen.

Mit Wünschen sollte man genauso verfahren wie mit Emotionen: nämlich sie fühlen (anstatt nur um sie zu wissen!) und mit Verständnis, Mitgefühl und Achtung ins Herz schließen. Man kann sie klären, bis man den Wunsch hinter dem Wunsch gefunden hat, indem man sich fragt: »Warum wünsche ich das?«, oder: »Was erhoffe ich mir davon?« So findet man das, was man eigentlich wünscht.

Wenn man tief verstrickt ist in eine Problematik oder auf einen bestimmten Wunsch fixiert ist, kann es schwierig sein, Zugang zu seiner Intuition zu finden. Das unmittelbare Wissen ist da – es ist immer da –, aber unser Bewusstsein ist zu sehr fixiert auf das, was wir erreichen oder vermeiden wollen, um das zu bemerken, was wir tief im Innern wissen; ja, wir trauen uns oft gar nicht, genau hinzuschauen, denn die intuitiv erfasste Wahrheit könnte ja eine sein, die uns nicht gefällt.

Hier muss Klärungsarbeit geleistet werden. Sämtliche beteiligten Gefühle und vor allem Wünsche müssen gefühlt und gewürdigt werden und von unserem Herzen angenommen und verstanden werden. Dann erst, eins und im Frieden mit uns selbst, sind wir ruhig und mutig genug, um uns zu fragen, was unsere innere Stimme eigentlich zu der Angelegenheit sagt.

An dieser Stelle kann es hilfreich sein, sich zu fragen:

»Gibt es etwas, das ich die ganze Zeit schon wusste oder ahnte, ohne es mir bewusst zu machen?«

»Was sagt mein Gefühl, wenn ich mal ganz ehrlich bin?«

Manche Menschen, vor allem solche, die viel meditieren, sind mühelos in der Lage, nachdem die emotionale Klärungsarbeit geleistet ist, einfach ihre innere Stimme zu befragen und klare, gut formulierte Antworten zu erhalten.

Wenn Sie verwirrt sind bezüglich einer Angelegenheit, die Ihnen sehr zu schaffen macht und in die Sie mit Gefühlen und Wünschen verstrickt sind, können Sie es mit der folgenden Meditationstechnik versuchen:

Meditation zur Klärung einer schwierigen Angelegenheit

1. Formulieren Sie Ihre Absicht

Machen Sie sich klar, mit welcher Absicht Sie in diese Meditationssitzung hineingehen. Zum Beispiel: »Ich möchte die Wahrheit über diese Angelegenheit herausfinden.« –

»Ich möchte dieser Sache auf den Grund gehen.« – »Ich möchte herausfinden, wie ich am besten vorgehen kann.« Die Absicht sollte auf Klärung und Wahrheit ausgerichtet sein und kein Element enthalten, das darauf abzielt, die Realität in irgendeiner Weise zu manipulieren.

2. Bitten Sie um Unterstützung

Wenden Sie sich an die höheren Instanzen, an die Sie glauben oder mit denen Sie vertraut sind (an Ihr höheres Selbst, an hilfreiche Engel oder geistige Führer und Helfer, Meister oder Heilige, an Gottvater oder -mutter, an die Intelligenz des Universums), und bitten Sie um Unterstützung für Ihr Klärungsvorhaben.

3. Klären Sie Ihre Emotionen

Klären Sie Ihre Gefühle. Denken Sie an Ihr Problem oder den betreffenden Menschen; beobachten Sie, wie Ihr Körper reagiert; konzentrieren Sie Aufmerksamkeit und Atem in der reagierenden Körperzone, um deren Zustand von innen kennen zu lernen; erleben Sie die darin enthaltene Emotion; finden Sie einen Weg, dieser Emotion Ihr Herz zu öffnen (indem Sie ihr – je nachdem, was sie braucht – Erbarmen, Mitgefühl, Verständnis, Anerkennung oder Achtung entgegenbringen). Fragen Sie diese Emotion (beziehungsweise den Teil Ihrer selbst, der sie fühlt), was sie von Ihnen braucht.

4. Klären Sie Ihre Wünsche

Fragen Sie nun Ihr Herz, was Sie sich wirklich wünschen in der fraglichen Angelegenheit. Welchen Wunsch auch immer Sie hegen: Räumen Sie ihm einen Platz in Ihrem Herzen ein, ganz gleich, was urteilende Instanzen in Ihnen dazu sagen mögen.

Jeder Wunsch, jede Sehnsucht verdient Achtung, will gefühlt und angenommen werden.

5. Machen Sie den Weg frei für die Intuition

Nachdem die Gefühle und Wünsche, die in Ihnen in Bezug auf die betreffende Sache vorhanden sind, auf diese Weise gefühlt, gewürdigt und angenommen sind (das kann manchmal auch mehrere Sitzungen erfordern), ist der Weg frei für die Intuition. Möglicherweise hat sich intuitive Erkenntnis schon in dem Moment eingestellt, in dem Sie Ihr Herz für alles, was Sie fühlen und wünschen, geöffnet haben. Wenn nicht, können Sie Ihre Intuition wie folgt befragen:

a) Erden Sie sich (indem Sie Ihren Körper spüren, Ihren Atem, den Bodenkontakt, Ihr Gewicht).
b) Öffnen Sie sich nach oben, zu den höheren Ebenen Ihres Wesens (indem Sie sich beim so genannten Kronenchakra, dem Scheitelpunkt des Kopfes, eine Öffnung vorstellen, durch die Sie verbunden sind mit Ihrem höheren Selbst). Rufen Sie sich in Erinnerung, dass es eine Instanz gibt, die alles weiß, was für Sie in diesem Augenblick relevant ist, und dass Sie in Ihrem Innern Zugang zu dieser Instanz haben.
c) Stellen Sie Ihre Frage (die Frage, die Ihr Herz bewegt; das, was Sie wirklich wissen möchten).
d) Machen Sie Ihren Kopf leer. Lassen Sie die Frage einfach im Raum stehen und warten Sie ab, was geschieht. Wenn Sie nicht sogleich Antwort erhalten, stellen Sie sich darauf ein, dass die Antwort in den nächsten Stunden oder Tagen zu Ihnen kommt; entweder als Gedanke oder als Traum oder über Botschaften, die Sie aus der Außenwelt erreichen.
e) Beenden Sie die Meditation. Setzen Sie einen Schlusspunkt Ihrer Wahl. (Bedanken Sie sich, sprechen Sie ein Gebet oder was auch immer Ihnen in diesem Augenblick geeignet erscheint.)

Intuition und Emotionen

Es gibt kein »richtig« und kein »falsch«; alles birgt Möglichkeiten, welchen Weg auch immer du wählst. Aber es gibt »wahr« und »unwahr«. »Wahr« ist alles, wo du eins bist mit dir; »unwahr«, wo Zwiespalt herrscht oder du gegen dein Innerstes handelst.

AUS: DEN WEG DES HERZENS GEHEN

Oftmals sind es mächtige Emotionen, die uns daran hindern, unserer inneren Stimme zu folgen. Vielleicht haben Sie ein starkes Bedürfnis nach Geborgenheit oder haben in Ihrer Kindheit einen Trennungsschock erlebt, der eine tiefe Angst in Ihnen hinterlassen hat, und Sie halten deshalb heute an einer Beziehung fest, von der Sie im tiefsten Innern genau wissen, dass ihre Zeit abgelaufen ist. Oder, umgekehrt, Sie haben Angst, verletzt zu werden oder Ihre Freiheit zu verlieren, und scheuen deshalb vor einer Beziehung zurück, zu der Ihr Inneres Sie hindrängt. Vielleicht sind Sie wütend auf einen Menschen und überhören deshalb die leise innere Stimme, die Ihnen rät, ihn anzurufen, um eine bestimmte Auskunft von ihm zu bekommen. Sie möchten nichts mit ihm zu tun haben, oder Sie möchten ihm demonstrieren, dass er Ihnen gleichgültig ist; auf keinen Fall möchten Sie ihm gegenüber ein Bedürfnis manifestieren, und so verkneifen Sie sich den Anruf.

Ich habe viele Menschen sagen gehört: »Ich weiß genau, was ich eigentlich tun möchte/tun sollte, aber ich kann es nicht tun. Ich habe zu viel Angst.«

Was tun, wenn unsere Emotionen uns daran hindern, das Richtige zu tun? Was tun, wenn uns unsere Angst im Weg steht? Oder unsere Anhänglichkeit? Oder unser Stolz, unsere Wut, unser Ärger, unsere Eifersucht? Oder unsere Verliebtheit?

Wenn Emotionen uns an etwas hindern, dann beherrschen sie uns. Im Allgemeinen ist das genau der Zustand, an den wir gewöhnt sind. Es fällt uns daher nicht besonders auf, wenn wir von unseren Gefühlen beherrscht werden. »Ich kann das nicht tun, weil ich Angst habe.« – »Ich kann ihm nicht ins Gesicht schauen, weil ich mich schäme.« – »Ich kann da nicht hingehen, weil mich das traurig macht.« – »Ich kann nicht mit ihr reden, weil ich wütend bin.«

Das heißt, wir sind mit unseren Gefühlen identifiziert. Wir sind außerstande wahrzunehmen, dass wir handeln können, obwohl wir Angst haben, uns schämen, traurig oder wütend sind. Um den Zwang zu lockern, den unsere Emotionen auf uns ausüben, müssen wir aufhören, uns mit ihnen zu identifizieren. Wir müssen stattdessen anfangen, sie zu fühlen. Der Unterschied besteht darin, dass man sie bewusst wahrnimmt, anstatt sich unbewusst von ihnen beherrschen zu lassen.

Aber das reicht nicht aus. Wenn wir uns wirklich von dem zwingenden und hindernden Einfluss der Gefühle befreien wollen, müssen wir mehr tun. Wir müssen sie vollständig aus der Verdrängung holen. Ein Gefühl beherrscht uns, solange es verdrängt ist. Und die meisten unserer Emotionen sind beziehungsweise werden verdrängt, ganz einfach deshalb, weil wir es verlernt haben, ein Gefühl zu fühlen. Machen Sie das Experiment: Wenn Sie das nächste Mal merken, dass Sie sich ärgern, dass Sie traurig sind, dass welche Emotion auch immer in Ihrem Innern Platz greift (man merkt das im Allgemeinen an seinen wütenden oder traurigen Gedanken), setzen Sie sich hin und erleben dieses Gefühl aufmerksam und vollständig. Spüren Sie Ihren Körper und Ihren Atem. Erleben Sie Ihr Gefühl als körperlichen und emotionalen Zustand, während Sie Ihren Atem spüren. Lassen Sie es ganz zu, sich so zu fühlen, wie Sie sich fühlen, während Sie Ihren Zustand bewusst atmend erleben.

Ich war verblüfft, als ich zum ersten Mal entdeckte, dass ein Gefühl, das ich genau zu kennen meinte, von dem ich wusste, dass es mein ganzes Denken und Handeln beherrschte, trotzdem verdrängt gewesen war; verdrängt insofern, als ich es nie wirklich gespürt hatte.

Damit das Gefühl Sie nicht mehr beherrscht, braucht es zweierlei: Es muss wahrgenommen werden (wie eben beschrieben), und es muss angenommen werden. Sie müssen ihm auch Ihr Herz öffnen. Das ist ein Akt, der durch Absicht eingeleitet wird und durch Gnade zustande kommt. Probieren Sie es aus. Wenn Sie Ihr Gefühl komplett, also körperlich und emotional, bewusst atmend zugelassen und erlebt haben, fragen Sie sich: »Kann ich verstehen, dass ich so fühle?« Manchmal reicht diese Frage schon aus, um eine Öffnung des Herzens zu bewirken. Plötzlich ist Liebe da – Selbstliebe –, eine positive Erschütterung, ein tiefes Verständnis für das, was man durchgemacht hat. Wenn nicht, fragen Sie weiter: »Kann ich Erbarmen haben mit diesem Gefühl (mit dem Teil meiner selbst, der sich so fühlt)? Mitgefühl? Kann ich diesem Gefühl Achtung entgegenbringen? Kann ich es anerkennen – einfach anerkennen, dass es da ist und zu mir gehört?« All dies sind Formulierungen, die Schlüssel zum Herzen enthalten.

Haben Sie auf diese Weise ein Gefühl entdeckt und vollständig wahr, und angenommen, so beherrscht es Sie nicht länger, und mit der Zeit verwandelt es sich. Allerdings dürfen Sie an diese Übung des Wahr- und Annehmens nicht mit der Zielsetzung herangehen, dass die Emotion hinterher verschwunden sein soll; damit würden Sie sich selber austricksen. Es geht darum, das, was Sie fühlen, so anzunehmen, wie es ist. Der Effekt ist zunächst, dass Sie das Gefühl nun in den Situationen, in denen es aufzutauchen pflegt, bewusst fühlen (im Unterschied zu vorher; da haben Sie es nicht gefühlt, Sie haben nur an seinen Folgen gemerkt – wenn überhaupt –, dass es da war); Sie haben es bei sich und tragen es eine Zeit lang sogar absichtlich mit sich herum, wie eine Mutter ihr Baby. So fühlt sich der vormals verdrängte und abgelehnte Teil Ihrer selbst, der unter jenem Gefühl gelitten hat, nun wahrgenommen, verstanden und gewürdigt, und das ist alles, was er braucht, um sich anders zu fühlen. Auf diese Weise verwandelt sich die Emotion dadurch, dass sie angenommen wird.

Konkret und in Kurzform skizziert können Sie diese Übung so durchführen (ausführlich beschrieben in: »Das Tao des Herzens«):

1. Vergegenwärtigen Sie sich Ihr Problem. (Zum Beispiel, Sie möchten gerne etwas Bestimmtes tun, spüren auch, dass es richtig wäre, trauen sich aber nicht.) Seien Sie dabei konkret, nicht abstrakt. Denken Sie an die konkrete Situation.
2. Gehen Sie mit Ihrer Aufmerksamkeit in Ihren Körper und stellen Sie fest, wo er reagiert, wo etwas Besonderes geschieht, während Sie an Ihr Problem denken. Begeben Sie sich mit Bewusstheit und Atem in die betreffende Körperzone hinein und erleben Sie ihren Zustand von innen, ohne ihn zu verändern. Lernen Sie ihn kennen. Spüren Sie dabei Ihren Atem.
3. Nachdem Sie diesen Körperzustand – Verspannung, Schmerz oder welches Symptom auch immer – ausgiebig gewürdigt haben, fragen Sie sich, immer noch bewusst in diese Körperzone atmend: »Wie fühle ich mich im Innern dieser Verspannung, dieses Schmerzes etc.?« Richten Sie auf diese Weise Ihre Aufmerksamkeit auf die Emotion. Es ist ein haarfeines Umstellen der Aufmerksamkeit vom körperlichen zum Gemütszustand. Die Emotion ist nicht etwas anderes als das körperliche Gefühl; es ist ein und derselbe Zustand, einmal auf der körperlichen, einmal auf der psychischen Ebene manifestiert. Beobachten Sie nun die Emotion, indem Sie sie

absichtlich – und bewusst atmend – erleben. Lassen Sie sie ganz zu. Laden Sie sie ein, sich ganz zu zeigen. Das tut sie allerdings nur, wenn sie sicher sein kann, dass Sie bereit sind, sie zu fühlen und zu verstehen (anstatt sie abzulehnen, sie zu verurteilen oder Angst vor ihr zu haben). Stärken Sie an diesem Punkt Ihre Bereitschaft, jedwedes Gefühl, das in Ihnen vorhanden ist, zu verstehen. Mobilisieren Sie Liebe. Liebe ist die Kraft, die Ihnen dabei helfen kann. Liebe für den Teil Ihrer selbst, der diese Not erleidet und es dringend braucht, dass Sie bei ihm sind und seine Not fühlen und verstehen (anstatt ihn damit allein zu lassen, indem Sie sich weigern, sie zu fühlen oder anzuerkennen).

4. Wenn Sie die Emotion eine Weile vollständig zugelassen haben – bewusst atmend! –, fragen Sie sich: »Wie kann ich mein Herz aufmachen für dieses Gefühl? Kann ich verstehen, dass ich so fühle? Kann ich mit diesem Teil meiner selbst mitfühlen? Kann ich Erbarmen haben mit ihm? Ihn anerkennen? Ihn achten?« Wenn Sie spüren, dass Sie diesem Gefühl Ihr Herz nicht öffnen können, bitten Sie einfach Ihr höheres Selbst um Hilfe.
5. Das auf diese Weise aus seiner Verbannung heimgeholte Gefühl sozusagen fest in den Armen des Herzens haltend, schauen Sie sich nun noch einmal die Problemsituation an, die Ausgangspunkt Ihrer Übung war. Vielleicht nehmen Sie die Situation jetzt anders wahr. Vielleicht verstehen Sie etwas, was Sie vorher nicht verstanden haben. Vielleicht sehen Sie nun, was Sie tun können. Vielleicht ist das Problem kein Problem mehr.
6. In den Tagen nach der Übung braucht die frisch aus der Verdrängung geholte Emotion Nachsorge. Nehmen Sie sich vor, sie zu bemerken, wenn sie, angeregt durch welches Ereignis auch immer, auftaucht. Was sie nun braucht, ist nichts weiter, als gefühlt zu werden und da sein zu dürfen.

Zurück zur inneren Stimme. Theoretisch ist es natürlich auch denkbar, dass man sich die Anstrengung der eben geschilderten Übung erspart und sich einfach darauf einstellt, sozusagen durch die Emotionen hindurch seine innere Stimme wahrzunehmen, etwa indem man sich vornimmt: Ich folge meiner inneren Stimme, ganz gleich, was meine Emotionen dazu sagen. In der Praxis funktioniert das meiner Erfahrung nach nicht, und zwar deshalb nicht, weil uns dabei ja genau diejenigen Emotionen im Weg stehen, die wir verdrängen; und das bedeutet, dass wir nicht merken, dass Emotionen im Spiel sind, die uns daran hindern, klar zu sehen. Außerdem habe ich den Eindruck, dass wir, wenn wir unsere Gefühle verdrängen, oft zugleich auch unsere Intuition verdrängen. Um die innere Stimme überhaupt wahrnehmen zu können, brauchen wir eine gewisse Aufmerksamkeit für das, was sich in uns abspielt.

Wenn Sie also lernen zu fühlen, was Sie fühlen, werden Sie nicht nur der emotionalen Vorgänge in Ihrem Innern besser gewahr, sondern auch Ihrer Intuition.

In der letzten Phase der Übung (der Herz-Phase) stellt sich übrigens Intuition im Allgemeinen von selber ein, und zwar mit großer Klarheit und Deutlichkeit. Die Übung führt uns aus dem Bereich des inneren Denk-Verwirrspiels hinaus in die Stille des reinen Wahrnehmens, und schon dadurch öffnet sie uns für die Wahrnehmung unseres tiefinneren, unmittelbaren Wissens. Darüber hinaus stellt sich, sobald das Herz offen ist, von selber Verbindung zu höheren Ebenen unseres Wesens ein, da das Herz sozusagen die Tür zum Himmel ist, die Verbindungsstelle zu den höheren Ebenen.

Das Herz ist unser Kern als fühlendes Wesen. Etwas in unser Herz hineinzulassen – ihm unser Herz zu öffnen – bedeutet, es ohne Abwehr in uns aufzunehmen, in Liebe, Verständnis und Achtung, und es anzunehmen als etwas, das zu uns gehört und das da sein darf. Wenn wir unser Herz verschließen, dann, weil wir Angst davor haben, uns einem Gefühl – einem eigenen oder dem eines anderen – zu öffnen, weil wir der irrigen Meinung sind, es könne uns schädigen oder umbringen. Unser Herz kann also offen oder verschlossen sein. In dem Augenblick, da das Herz sich öffnet, um etwas in sich aufzunehmen, ist es rundherum offen, sozusagen in alle Richtungen. Man erkennt das daran, dass man sich in einem Zustand bedingungsloser Liebe befindet, einem Zustand von Verstehen und Mitgefühl. Wenn das Herz sich in einem Zustand von Offenheit befindet, so ist es nicht nur offen für das, was man selber fühlt, sondern auch für das, was andere fühlen, und ebenso nach oben hin zu den höheren Ebenen seines Wesens. So kommt es, dass wir uns an diesem Punkt der Übung oft von selber in einem Zustand der Empfänglichkeit für Erkenntnis befinden, die von der Ebene des höheren Selbst kommt, also der Empfänglichkeit für Intuition.

Deshalb spielt das Herz eine wichtige Rolle beim Training der Intuition.

Ich bin oft gefragt worden, wie sich Herz und Intuition unterscheiden. Auf diesem Gebiet gibt es einige Verwirrung. Intuition ist etwas, das von oben kommt; von einer höheren Ebene unseres Wesens, die mehr überblickt als den Ausschnitt, der von unserem bewussten Verstand beleuchtet wird. Man kann Intuition rein mental wahrnehmen: Man nimmt sie wahr als Gedanken und setzt diesen Gedanken in entsprechendes Handeln um – oder auch nicht. Intuition muss nicht durchs Herz laufen.

Das Herz ist unser fühlendes Zentrum. In diesem Zentrum sind wir verbunden mit allem, was ist, und zwar im Zustand der Liebe, des Mitgefühls, sofern wir unser Herz nicht verschlossen halten. Das Herz ist sozusagen das Organ der Liebe. In unserem Herzen fühlen wir deshalb, wenn es offen ist, alles, was uns selber und was andere Lebewesen bewegt, wir fühlen auch die Sehnsucht des Universums, die Sehnsucht von Allem-was-ist, aus der heraus alles entsteht; wir fühlen sie in individualisierter Form als unsere spezielle Sehnsucht, unsere Wünsche. Das ist die Ebene des Herzens. Es ist nicht dieselbe wie die Ebene der Intuition. Das Herz hat seine eigene Intuition: die Intuition, die darin besteht zu fühlen, was ein anderes Wesen fühlt.

Das Herz kann noch in anderer Weise als zuvor beschrieben für unseren Zugang zur Intuition wichtig sein. Wenn wir nämlich mit dem Herzen dabei sind – bei einem Gespräch, einer Arbeit, in einer Beziehung –, dann setzen wir eine mächtige Kraft in Gang, die uns hilft, alle für diese Sache benötigten Informationen auf intuitivem Wege zu erlangen: nämlich die Liebe. Wenn Sie ein Gespräch in einer Haltung der Liebe führen, dann werden Sie automatisch sehr aufmerksam sein für Ihre Eingebung, denn Sie wollen Ihr Bestes geben. Besonders deutlich tritt dieser Effekt in dramatischen Situationen zutage, wo es sozusagen oder auch tatsächlich um Leben und Tod geht. Da kann die Liebe in Ihnen so groß werden, dass Sie intensiv darum beten, das Richtige zu tun und zu sagen, und sich mit aller Intensität darauf ausrichten wahrzunehmen, was das Richtige ist. Auch in Situationen, wo Sie selber mit dem Rücken zur Wand stehen, können Sie zu einem Durchbruch der Intuition kommen, wenn Sie nämlich feststellen, dass Ihnen gar nichts anderes übrig bleibt, als auf die richtige Eingebung zu hoffen und ihr, wenn sie auftaucht, auch zu folgen.

Liebe kann Intuition in Gang setzen. Liebe führt die Hand des Heilers und die Hand der Mutter, die ihr krankes Kind streichelt; Liebe lässt uns im richtigen Moment das Richtige sagen oder instinktiv das tun, was gebraucht wird.

Liebe kann man nicht herstellen und nicht erzwingen; aber man kann sie rufen.

Die Stimme der Intuition ist eng verbunden mit der Stimme des Herzens. Haben wir eine Entscheidung getroffen und den Weg des Herzens eingeschlagen, dann ist es an unserer Intuition, uns auf diesem Weg zu führen. Ein Beispiel: Nehmen wir an, Sie sehnen sich von ganzem Herzen danach, ein Jahr in Amerika zu verbringen. Bisher haben Sie diesen Wunsch als unrealistischen Traum zur Seite geschoben. Aber eines Morgens erwachen Sie in dem Bewusstsein, dass das Leben viel zu kurz ist, um seine Träume nicht zu verwirklichen, und fassen sich ein Herz und sagen sich: »Warum eigentlich nicht? Ich habe keine Ahnung, wie ich das realisieren kann; meinem gesunden Menschenverstand erscheint es unmöglich; aber warum soll ich es mir nicht wenigstens wünschen?« Und gegen jegliche Vernunft wünschen Sie sich ein Jahr in Amerika. Das ist der Moment, wo Sie Ja sagen zu Ihrem Herzen und sich sozusagen auf den Weg des Herzens begeben. Wenn dieser Schritt mit großer Entschiedenheit getan wird und Sie für den Augenblick Ihres Entschlusses ganz eins mit sich sind, dann können Sie sicher sein, dass von nun an Ihre innere Stimme Ihnen den Weg zu Ihrem Ziel zeigen wird. Vielleicht macht sie Sie auf eine Zeitungsannonce aufmerksam. Vielleicht sagt sie Ihnen eines Tages, dass Sie an diesem Abend zu einer bestimmten Veranstaltung gehen sollen. Vielleicht treffen Sie dort jemanden, der das erste Glied einer Kette von Menschen und Umständen ist, die Ihnen Ihr Jahr in Amerika ermöglichen.

Von dem Moment an, wo Sie dem Wunsch Ihres Herzens Gehör geschenkt, ihn ernst genommen und sozusagen in ein Gebet verwandelt haben, indem Sie sich zu ihm bekannten, haben Sie nichts weiter zu tun, als wach zu sein für das, was Ihnen die innere Stimme im gegebenen Augenblick sagt. Es hat wenig Zweck, Ausschau zu halten nach solchen Zeichen und Fügungen, weil man nicht weiß, aus welcher Richtung sie kommen. Natürlich ist es wichtig, dass Sie Ihrerseits alles dazu beitragen, was Sie zur Verwirklichung Ihres Wunsches beitragen können. Durch diese Handlungen wird Ihr Geist in die gewünschte Richtung gelenkt. Die entscheidenden Hinweise und Fügungen aber tauchen im Allgemeinen überraschend auf. Und um sie nicht zu versäumen, müssen Sie lernen loszulassen; das heißt, dass Sie nicht andauernd zwanghaft an Ihren Wunsch denken, sondern, nachdem Sie alles Notwendige zu seiner Erfüllung getan haben, ihn auch einmal vergessen sollen. Nur so sind Sie in der Lage, ganz hellwach im Augenblick zu leben und die kleinen Hinweise Ihrer inneren Stimme, die oftmals zunächst gar nicht den Eindruck machen, als hätten sie irgendetwas mit Ihrem Ziel zu tun, zu beachten.

Wenn man nicht weiterweiss

Klage nicht!
Du gehst nicht verloren.
Bei dir bin Ich
im Dunkeln und im Licht.
Ich weiche nie von deiner Seite –
was du auch tust,
Ich tue es mit dir.
Tue es mit Mir –
und alles wird gut.

AUS: DEN WEG DES HERZENS GEHEN

Manchmal ist man im Leben so sehr in die Enge getrieben, dass man nicht weiterweiß. Keine Eingebung ist da, keine Ahnung, wie es weitergehen soll, und doch gibt es drängende Probleme, die nach Lösung verlangen. Was tun?

Möglicherweise geht es in solchen Situationen um Vertrauen. Prüfen Sie, ob Sie alles getan haben, was Sie tun konnten – geistig und materiell –, und wenn Ihnen nichts mehr einfällt, wie Sie die Not wenden können, kann es sein, dass nur eines noch fehlt: dass Sie sich zurücklehnen in dem Bewusstsein, alles getan zu haben, was Sie tun konnten, und loslassen.

Viele von uns haben nicht gelernt, dem Leben zu vertrauen, weil sich uns Erinnerungen eingegraben haben an Situationen, in denen uns Schlimmes passiert ist, oder weil wir uns vor Augen halten, dass anderen Menschen auf diesem Planeten auch schreckliche Dinge zustoßen. Unser Vertrauen hat keine Basis. Wir möchten gern vertrauen, aber wir können nicht.

Nehmen wir an, Sie befinden sich in einer solchen schwierigen Situation. Nehmen wir ferner an, Sie haben die notwendige Vorarbeit getan – nämlich sich Ihre Ängste, Ihre Verzweiflung, Ihre Panik und die sonstigen mit der Notlage verbundenen Gefühle vergegenwärtigt, sie gefühlt und angenommen. Nun fühlen Sie sich zwar mehr eins mit sich, wissen aber immer noch nicht, was Sie tun sollen, um sich zu helfen, und haben immer noch kein Vertrauen.

In solchen Fällen liefert uns das Leben manchmal die notwendigen Umstände, die uns zwingen, Vertrauen zu entwickeln. Wenn wir alles getan haben, was wir tun konnten – uns um alle Gefühle gekümmert, alle Versuche unternommen, die äußere Lage zu wenden, um Hilfe gebeten, meditiert –, und wenn uns nun gar nichts mehr einfällt, was wir tun können, warum dann nicht Eis laufen oder schwimmen gehen und das ganze Problem vergessen! Das ist es, was man Loslassen nennt. Hier bedeutet loslassen nicht verdrängen – man hat das Problem ja nicht verdrängt, sondern es sich vollständig vergegenwärtigt –, sondern eben einfach loslassen.

Dieses Loslassen impliziert bereits Vertrauen; es ist ein sozusagen vom Leben erzwungenes Vertrauen. Eigentlich wollten wir nicht vertrauen und fühlten uns auch nicht in der Lage dazu, aber nun bleibt uns gar nichts anderes mehr übrig.

Die Lösung offenbart sich, sobald wir vollständig losgelassen haben. Solange wir ängstlich hin und her laufen auf der Suche nach einem Ausweg, einer Lösung, nach einer Möglichkeit, etwas zu unternehmen, hat sie es nicht leicht, sich zu offenbaren; wir sind zu sehr abgelenkt durch dieses Hin-und-Herlaufen und Herumsuchen. Nehmen wir uns aber frei von dem Problem, nicht indem wir es verdrängen, sondern indem wir es einfach vertrauensvoll loslassen, dann kann die Entfaltung der Lösung sich ungestört vollziehen.

Wir müssen vielleicht sogar aufgeben, nach der inneren Stimme Ausschau zu halten; auch das kann ein angstgetriebenes, verkrampftes Sichbeschäftigen sein, das die Manifestation der Lösung verzögert. Können wir dem Leben wirklich vertrauen? Können wir uns vorstellen, dass die göttliche Intelligenz oder die allem zugrunde liegende, alles gestaltende Intelligenz des Universums auch dann am Werk ist in unserem Leben, wenn wir nicht selber alles tun und machen?

Oder meinen wir, dass nichts geschieht, wenn wir nicht selber etwas tun? Es gibt Zeiten, wo das sicher zutrifft; Zeiten, in denen wir es versäumen, etwas zu tun, obwohl wir genau wissen, dass wir eigentlich etwas tun müssten. Aber in den Situationen, von denen jetzt die Rede ist, gibt es nichts zu tun. Alles ist schon getan. Es bleibt uns gar nichts anderes übrig, als den Rest dem Leben zu überlassen.

Das heißt, wir können uns einfach dem zuwenden, was der jeweilige Augenblick uns anbietet, schenkt oder von uns fordert. Ab und zu werden wir sicherlich noch einen ängstlichen oder verzweifelten Blick auf unsere Notlage werfen, aber in dem Bewusstsein, alles getan zu haben und nichts weiter tun zu können, als zu erwarten, dass die vollkommene Lösung sich offenbart.

Und sie wird es. Ohne jeden Zweifel.

Natürlich ist es gerade in solchen Zeiten wichtig, vielleicht wichtiger denn je, täglich zu meditieren; zunächst wird man sicherlich jeden Tag von neuem vor oder nach oder während der Meditation an sein Problem denken und sich vielleicht in Hintergrund, Zweck oder höhere Aspekte seiner Problematik vertiefen. Wenn man aber zu dem Punkt gekommen ist, wirklich losgelassen zu haben, dann wird man es als ausreichend und wohltuend empfinden, sich einfach in Stille zu versenken in seiner täglichen Meditation. Nichts voranzutreiben, nichts zu erwarten, nichts verstehen zu wollen, sondern einfach nur so still und so offen wie möglich mit dem tiefinneren

Hintergrund seines Wesens in eine ganz und gar intime, schweigende Verbindung zu treten.

Das ist die Leinwand, auf der die vollkommene Lösung am besten in Erscheinung treten kann. Ein offener, ruhiger Geist, losgelöst, entspannt und wach, nichts erwartend, nichts vorantreibend; still und offen während der Meditation und in der jeweiligen Tätigkeit oder Wahrnehmung des Augenblicks ruhend während des Tages.

Kein Suchen mehr, kein Vorantreiben, kein hin-und-herrennen, kein gedanklicher Lärm; nur ruhige Losgelöstheit – vertrauensvoll, weil es keine andere Möglichkeit mehr gibt, als zu vertrauen.

»Gott ausreden lassen heißt Vollkommenheit«, hat Prentice Mulford gesagt.[15]

Was, wenn die innere Stimme sich irrt?

Wenn ihr euch nach etwas sehnt, besteht diese Sehnsucht zu Recht, und ihr könnt ihr ruhig folgen. Sie trägt euch zu eurem nächsten Entwicklungsschritt – nicht unbedingt dorthin, wo ihr hinmöchtet, aber mit Sicherheit in die richtige Richtung … Folgt ihr! … Dieser Weg mag zeitweise schmerzhaft sein – Wachstum ist oft mit Schmerzen verbunden –, aber die Freude überwiegt am Ende stets das Leid.

AUS: LIEBE IST MEHR ALS EIN GEFÜHL

Manchmal kann es vorkommen, dass die innere Stimme einen beharrlich in eine bestimmte Richtung schickt, und nachdem man dieser Richtung eine Zeit lang gefolgt ist, stellt man fest, dass dort keineswegs das Glück, der Erfolg oder das Happy End wartet, das man sich vorgestellt hat. Was dann? Hat die innere Stimme sich geirrt? Beziehungsweise: War es gar nicht die innere Stimme, die einen hierhin geschickt hat, sondern waren es nur die eigenen Wunschgedanken oder Fantasien oder Gedanken aus welcher Quelle auch immer?

Alles hängt davon ab, wie wir eingestellt sind. Sind Sie ganz auf Wahrheit eingestellt? Sind Sie, selbst wenn Sie einen noch so brennenden Wunsch hegen, immer noch gewillt, von Ihrer wahren inneren Stimme belehrt und geführt zu werden?

Wenn wir unsere innere Stimme zu einem Problem befragen, wird sie uns immer die Wahrheit sagen, vorausgesetzt, wir sind bereit und willens, die Wahrheit zu erfahren. Wenn uns nichts an der Wahrheit liegt, weil wir lieber etwas hören möchten, was unsere Wünsche und Vorstellungen bestätigt, werden wir möglicherweise die

– immer vorhandene – innere Stimme der Wahrheit überhören und stattdessen das Programm in unserem Kopf lauter stellen, das Informationen liefert, die zu unseren Wünschen und Vorstellungen passen.

Wenn wir, sosehr wir auch an unseren Wünschen hängen mögen, dennoch bereit sind, die Wahrheit zu erfahren, so können wir dem, was als Antwort auf unsere Herzensfragen aus unserer Tiefe auftaucht, bedingungslos vertrauen. Letztlich haben wir keine andere Wahl. Wem oder was sollten wir denn vertrauen, wenn nicht unserer eigenen inneren Wahrheit?

Wenn die innere Führung uns dann in Situationen hineinmanövriert, die uns schwierig, schmerzhaft oder inakzeptabel erscheinen, können wir sicher sein, dass diese Situationen im Sinne unserer eigenen tiefinneren Wünsche notwendig sind. Noch immer bleibt uns, wenn wir einmal auf dem Weg der inneren Stimme sind, keine andere Wahl, als vertrauensvoll weiterzugehen und aufs Neue in jedem Augenblick aufmerksam zu sein für die Signale unseres Herzens und für die Zeichen und Hinweise, in denen die innere Führung sich äußert.

Katastrophen erweisen sich manchmal im Nachhinein als das Beste, was uns passieren konnte. Wenn wir aufrichtig mit uns selber gewesen sind in Bezug auf den Umgang mit unserer inneren Stimme und unter Führung unserer Intuition in eine unangenehme Situation geraten, so bleibt uns nichts anderes übrig, als die Situation so vollständig wie möglich zu durchleben und anzunehmen, was immer der beste Weg ist, um eine Katastrophe in einen Glücksfall zu verwandeln.

Wie holprig oder glatt unser Weg unter Führung der inneren Stimme verläuft, hängt in starkem Maße auch davon ab, wie sehr wir auf Wünsche fixiert sind und auf Vorstellungen, wie die Dinge sein sollen oder nicht sein sollen. Wenn wir einer spirituellen Richtung folgen, die vom Buddhismus oder Yoga beeinflusst ist, meinen wir vielleicht, Wünsche seien etwas grundsätzlich Schlechtes, das man überwinden müsse. Es stimmt mit Sicherheit, dass unser Weg wesentlich leichter und glatter verlaufen würde und wir nicht so leiden müssten, wenn wir keine Wünsche hätten. Unsere innere Führung nimmt sehr wohl auf unsere Wünsche Rücksicht; nur ist bei den meisten Wünschen, die wir haben, das Schicksal anderer Menschen mit betroffen (zum Beispiel, wenn wir uns eine Beziehung mit einem bestimmten Menschen wünschen), und diese haben ihren freien Willen, ihr eigenes Schicksal, das seiner eigenen Bestimmung folgt. Hier kann uns unsere Intuition im Sinne unseres Wunsches so weit bringen, wie der Eigenwille der beteiligten anderen es eben zulässt, und nicht weiter. Sie kann uns dazu verhelfen, dass das Beste geschieht, was für die von uns angestrebte Beziehung zu diesem Zeitpunkt möglich ist. Aber sie kann uns die Realität nicht so zurechtzaubern, wie wir sie gern hätten.

Wenn wir uns trotzdem darauf versteifen, mit einem bestimmten Menschen eine bestimmte Art von Beziehung haben zu wollen – oder auf irgendeinen anderen Wunsch, der offenbar nicht in Erfüllung gehen will –, müssen wir tiefer gehen in unserer Erforschung der Wahrheit. Hinterfragen Sie Ihren Wunsch (Warum wünsche ich mir das? Was ist es, was ich mir eigentlich wünsche?) wieder und wieder, bis Sie auf Grund stoßen. Vielleicht ist dieser Grund etwas Abstraktes – zum Beispiel Glück, Liebe, Ekstase, Geborgenheit, Sicherheit –, das Sie sich auch losgelöst von der betreffenden Person oder dem erwünschten Umstand wünschen können. Wenn Sie lieber auf all das verzichten als auf die betreffende Person oder den betreffenden ersehnten Umstand, dann bleibt Ihnen nichts anderes übrig, als diesem Wunsch Ihres Herzens mit aller Konsequenz zu folgen und Ihr Bestes zu tun, damit er sich verwirklichen kann.

Wenn wir Schiffbruch erleiden, weil wir uns auf einen konkreten Wunsch fixiert haben, wobei unsere Intuition uns geholfen hat, uns seiner Erfüllung zu nähern, und uns dann der Eigenwille der anderen Beteiligten ein Hindernis vor die Nase gesetzt hat, müssen wir einen großen Schritt zurücktreten und die ganze Angelegenheit aus der Distanz rekapitulieren. Gab es nicht hinter den vordergründigen, wunschbesessenen Gedanken die ganze Zeit über irgendein latentes Wissen, das wir nicht beachtet haben? Eine leise innere Stimme, die wir überhört haben? Vielleicht haben wir auch ganz einfach nicht auf unser Herz gehört.

Wenn wir all das ehrlich überprüfen und zu dem Ergebnis kommen, dass wir nichts überhört haben, dass wir ganz und gar aufrichtig und aufmerksam waren und in diesem Sinne korrekt gehandelt haben, dann können wir sicher sein, dass dieser Schiffbruch im Sinne unseres Wunsches notwendig ist. Wenn Ihnen das zu paradox klingt, dann konkretisieren Sie diese Aussage bitte, indem Sie sie auf einen entsprechenden selbst erlebten Fall beziehen. Offenbar haben Sie das, was Sie erreichen wollten, nicht erreicht. Es ist Ihnen verwehrt worden. Trotz aller Hinweise Ihrer Intuition, die Sie in diese Richtung gewiesen hatten. Warum nun dieser Schiffbruch? Nehmen Sie Ihre Wünsche unter die Lupe. Manchmal hegen wir neben dem Wunsch, der lautstark im Vordergrund unseres Bewusstseins steht, noch einen Nebenwunsch, dem wir nicht viel Beachtung geschenkt haben, und der Schiffbruch könnte die Erfüllung dieses Nebenwunsches sein oder auch das Ergebnis der Kollision zweier einander widersprechender Wünsche.

Manchmal jedoch geht es darum, die Essenz des Wunsches zu finden, dessen Erfüllung einem anscheinend verwehrt wurde. Wenn Ihr Wunsch sich auf etwas Konkretes bezieht, dann hinterfragen Sie ihn wie folgt: »Warum wünsche ich mir das? Was erhoffe ich mir davon? Was ist es also, das ich wirklich wünsche?«

Wenn Sie die Essenz dieses Wunsches gefunden haben – das Abstrakte statt des Konkreten; das, was Sie eigentlich wünschen –, dann prüfen Sie die Katastrophensituation im Hinblick auf diese Essenz. Vielleicht stand Ihre Abhängigkeit von der Erfüllung Ihres konkreten Wunsches dem, was Sie eigentlich wünschten, Ihrem tieferen Wunsch, im Wege. Vielleicht mussten Sie deshalb Schiffbruch erleiden, um frei zu werden für das, was Sie in Wirklichkeit wünschen – für den Wunsch hinter dem Wunsch.

Meiner Erfahrung nach kommt es allerdings selten vor, dass man in schiffbruchartige Situationen gerät, wenn man seiner inneren Stimme konsequent folgt. Im Allgemeinen verläuft der Weg glatt, und die Resultate sind in unserem Sinn erfreulich, wenn wir den Weg gehen, den die innere Stimme uns weist.

Trotzdem war es mir wichtig, Ihnen einige Anregungen zu geben, wie Sie schwierige oder schmerzhafte Situationen untersuchen können, die wie unerwünschte Resultate des Gehorsams Ihrer inneren Stimme gegenüber erscheinen. Wir haben, ganz besonders wenn wir in Schwierigkeiten sind, die Tendenz, verstehen und einordnen zu wollen, und in diesem Sinne können meine Anregungen Ihnen vielleicht nützlich sein, wenn Sie sich einmal in einer solchen Lage befinden sollten. Es sei denn – und das wünsche ich Ihnen für diesen Fall –, Sie brauchen sie dann nicht, weil eine größere Weisheit – oder Liebe – sich Ihrer bemächtigt hat, sodass Sie darauf verzichten, verstehen oder einordnen zu wollen, und stattdessen das Leben einfach leben.

Leben mit Leichtigkeit

Lebe! Lebe! Lebe!
Nicht webe
am Gespinst der
Ich-kann-nicht-ich-will-nicht-Gedanken.
Nicht schwanken,
nicht kleben,
leben!
Lebe wie Feuer!
Brenne!
Das Feuer bist du,
nicht der Scheit!
Lebe wie der Wind –
geschwind!
Nicht stehe,
wehe!

AUS: DEN WEG DES HERZENS GEHEN

Man kann auch mit Leichtigkeit leben. Leichtigkeit ist nicht dasselbe wie Oberflächlichkeit. Leichtigkeit bedeutet, so vollständig lebendig zu sein, dass man das, was man erlebt, wirklich erlebt, während es geschieht, sodass es nicht nötig ist, daran festzuhalten, wenn es vorbei ist. Ganz lebendig sein, ganz da sein, den Augenblick auskosten, im Körper präsent sein anstatt in Gedanken versunken, atmen – viel tiefer atmen! –, das ist das Geheimnis der Leichtigkeit.

Wer Leichtigkeit zu erreichen versucht, indem er »leichthin« lebt, alles nur flüchtig berührt, wenig atmet, sich vor schweren Gefühlen hütet – sie also unterdrückt –, der wird früher oder später Opfer all der schweren Emotionen, die er aus seinem Bewusstsein fern halten musste, um sich leicht zu fühlen und zu geben.

Er wird sich viele Male umschauen müssen, bevor er weitergehen kann; er wird Schwierigkeiten haben, etwas loszulassen, wenn es Zeit dafür ist; und die niedergehaltenen Gefühle mit all ihrer Schwere werden ihn hinterrücks gerade dann überfallen, wenn er am wenigsten damit rechnet.

So holt die Schwere uns ein, wenn wir in falscher Leichtigkeit leben.

Wahre Leichtigkeit kommt aus dem vollständigen Erleben, dem Ganz-am-Leben-Teilhaben und Alles-Auskosten. Das schärft unsere Sinne für die Wahrnehmung der Zeichen und Hinweise, die uns zeigen, wo es langgeht, und versetzt uns in die Lage, diesen Hinweisen sogleich zu folgen, ohne an der bisherigen Situation kleben zu bleiben (weil wir sie nicht vollständig erlebt haben).

Mehr leben, mehr atmen, mehr da sein und weniger nachdenken – und alles geht leichter.

Wegweiser gibt es überall; an jeder Kreuzung, jeder Wegbiegung; mit Leichtigkeit nehmen wir sie wahr im doppelten Sinne: indem wir sie bemerken und indem wir zugleich – ohne uns groß bei der Tatsache aufzuhalten, dass wir einen Wegweiser bemerkt haben – unsere Chance wahrnehmen und uns in die Richtung in Bewegung setzen, in die der Wegweiser weist.

Nicht stocken, nicht zögern, sich nicht umschauen, nicht nachdenken – gehen! Im Fluss bleiben! Dann gewinnt das Leben seine Eleganz zurück und seine Leichtigkeit.

Teil II

Intuition im Zusammenhang mit den wichtigsten Lebensbereichen

Intuition und Traum

Zu verschiedenen Zeitpunkten in meinem Leben bin ich entweder Psychiater, Geliebte, Freundin oder Tochter, doch im Kern meines Wesens bin ich ein Träumer. Was immer ich tue, ich höre das Echo meiner Träume in meinem Inneren, abgestimmt auf den Rhythmus meines Körpers und die Ursubstanz der Erde. Träume sind mein Kompass und meine Wahrheit; sie leiten mich und verbinden mich mit dem Göttlichen.

AUS: JUDITH ORLOFF, JENSEITS DER ANGST

Träume sind eine andere Realität. Vom Standpunkt der physischen Wirklichkeit aus gesehen sind sie nicht real – wenn wir aufwachen, ist der Traum verschwunden. Aber das ist nur eine Perspektive.

Ohne dies weiter einordnen zu wollen, möchte ich hier nur auf den Aspekt eingehen, der Träumen und Intuition verbindet. Denn in vielen Träumen spricht unsere Intuition zu uns, ja, manche Träume werden regelrecht von unserer Intuition zu bildhaften Aussagen gestaltet.

Es gibt sogar Träume, in denen die Stimme unseres authentischen inneren Wissens ausdrücklich in Worten zu uns spricht. Solche Träume haben eine ganz besondere Qualität, und wir fühlen während des Träumens und beim Aufwachen, dass sie Wahrheit beinhalten.

Die Frage, die hier interessiert, ist vor allem die: Wie können wir unser Traumbewusstsein so aktivieren, dass es uns in unserem Bemühen unterstützt, besseren Zugang zu unserer Intuition zu bekommen?

Zunächst einmal tut es das ohnehin, Nacht für Nacht. Die Frage ist nur, ob wir uns im Wachzustand dessen bewusst sind. Aktiviert werden muss nicht das Träumen, sondern die Verbindung zwischen der träumenden und der wachen Seite. Dazu vier Vorschläge:

1. Trainieren Sie Ihre Fähigkeit, sich an Träume zu erinnern.
2. Bereiten Sie sich auf das Einschlafen in einer Weise vor, die intuitives Träumen fördert – bei Bedarf gezielt im Hinblick auf Ihr aktuelles Problem.
3. Schlagen Sie eine Brücke zwischen den Realitäten:
   a) Üben Sie, sich im Traum der physischen Realität bewusst zu sein.
   b) Üben Sie, sich im Wachzustand der Traumrealität bewusst zu sein.

Man kann Träume nutzen, um Lösungen für Probleme und Antworten auf Fragen zu bekommen, die einem zu schaffen machen. Mein intuitives Wissen sagt mir: Wenn ich mir vor dem Einschlafen vornehme, die Antwort auf eine Frage zu träumen, träume ich diese Antwort auf jeden Fall, vorausgesetzt, dass es sich um eine Frage handelt, die aktuell ist, die mir auf den Nägeln brennt. Die Frage ist nur, ob ich mich an den Traum erinnere. Ohnehin, sagt es mir weiterhin, findet im Traumzustand ein ständiger Dialog mit den höheren Bewusstseinsschichten – der Quelle der inneren Stimme – statt, nur dass wir uns meist nicht daran erinnern. Die wichtigste Arbeit besteht demnach nicht darin, seine Träume zu vervollkommnen, sondern darin, sich an sie zu erinnern.

1. Die Traumerinnerung trainieren

Wenn Sie sich an Ihre Träume erinnern möchten, müssen Sie sich so oft wie möglich während des Tages daran erinnern, dass Sie Ihren Träumen Aufmerksamkeit schenken wollen. Das Erinnern der Träume muss zu einem wichtigen Punkt in Ihrem Leben werden. Es muss Priorität bekommen. Alles, was uns wichtig ist und was wir konsequent anstreben, können wir erreichen, so auch das.

Eine gute Technik besteht darin, die Frage, die man seinem Traumbewusstsein stellen möchte, am Abend vor dem Einschlafen aufzuschreiben, und zwar in dasselbe Buch, in das man auch seine Träume einträgt, sodass für das Unterbewusstsein klar ist: Hier ist eine Frage, die nach Antwort verlangt. Man schreibt also die Frage oben auf die Seite und lässt den Rest der Seite frei für die Antwort. Sobald man aufwacht, wendet man sich dem Buch zu und schreibt die Antwort auf.

Außerdem ist es noch wichtig, die Frage mit in den Schlaf zu nehmen. Lassen Sie Ihre Frage unter den letzten Gedanken sein, die Sie denken, während Sie merken, dass Sie im Begriff sind einzuschlafen. Und denken Sie in jenem Augenblick nicht nur an Ihre Frage, sondern nehmen Sie sich auch vor, sich an die Traumantwort zu erinnern. Wenn Sie dann aufwachen, bleiben Sie so liegen, wie Sie gerade liegen, wechseln Sie nicht die Position, und erinnern Sie sich an das, was Sie geträumt haben. Und erst wenn die Erinnerung auftaucht und Sie sich ein, zwei Stichworte gemerkt haben, die Ihnen helfen, den Traum in Ihrem Bewusstsein zu verankern, dann erst nehmen Sie den Block und notieren Ihren Traum oder Ihre Träume.

Ansonsten gibt es zum Thema Traumerinnerung einen hervorragenden Ratgeber auf dem Buchmarkt: »Kreativ träumen« von Patricia Garfield. Ich werde hier deshalb nicht ausführlich auf die Techniken eingehen, die dort bereits abgehandelt wurden. Nur die wichtigsten Punkte der darin erwähnten Praktiken – mit denen ich häufig gearbeitet habe – gebe ich hier wieder und füge einige eigene hinzu.

a) Ein Traumtagebuch führen. Legen Sie Block und Stift griffbereit an Ihren Schlafplatz, damit Sie, wann immer Sie aufwachen, gleich notieren können, was Sie geträumt haben.

b) Wenn Sie aufwachen, ändern Sie Ihre Position zunächst nicht, bleiben Sie noch eine Weile mit geschlossenen Augen liegen. Auf diese Weise bleibt die Traumerinnerung leichter erhalten.
c) Sagen Sie sich nicht nur jeden Abend vor dem Einschlafen, sondern auch während des Tages mehrere Male, dass Ihre Träume Ihnen wichtig sind und dass Sie ihnen Aufmerksamkeit schenken werden.
d) Erinnern Sie sich an Ihre Träume nicht nur einmal, während des Aufschreibens, sondern halten und bewegen Sie sie auch während des Tages im Bewusstsein, besonders dann, wenn Sie mit den Angelegenheiten oder Personen zu tun haben, von denen die Träume handelten.

2. *Sich vor dem Einschlafen auf intuitives Träumen vorbereiten*

Wenn Sie ein aktuelles Problem haben, das Ihnen zu schaffen macht, können Sie sich vor dem Einschlafen darauf einstellen, eine Lösung zu träumen. Hierzu empfiehlt es sich, das Problem, soweit es möglich ist, mit dem Verstand zu Ende durchdacht zu haben, sodass Sie nicht fieberhaft weiterdenken müssen, während Sie auf den Schlaf warten.

Ihr Kopf sollte sich in dem Bewusstsein, alles, was ihm möglich ist, getan zu haben, aufs Kissen betten können. Bitten Sie dann Ihre Intuition, Ihnen im Traum eine Lösung zu präsentieren.

Der Erfolg kann sich, muss sich aber nicht beim ersten Versuch einstellen, jedoch spätestens in der dritten aufeinander folgenden Nacht, vorausgesetzt, Sie stellen sich an jedem Abend vor dem Einschlafen erneut darauf ein und denken auch während des Tages mehrere Male daran, dass Ihr Traumbewusstsein eine Lösung erarbeiten wird.[16]

3. *Eine Brücke schlagen zwischen Traum und Wachbewusstsein*

a) Üben Sie, sich im Traum der physischen Realität bewusst zu sein.

Sie haben sicher schon Träume erlebt, in denen Ihnen Ihre tatsächliche Lebenssituation mehr oder weniger bewusst war. Das kann man fördern, indem man sich vor dem Einschlafen darauf einstellt, einen gewissen Grad an Bewusstsein der realen Lebenslage in den Traum mit hinüberzunehmen. Hier gibt es nicht viel über das Wie zu sagen – man muss es einfach tun. Es gibt allerdings einen Trick, der dies erleichtert: Als Einstieg in diese übergreifende Bewusstheit kann man sich vor dem Einschlafen einen kleinen Traumbewusstseinsauftrag erteilen. Castanedas Lehrer Juan Matus empfahl zum Beispiel, im Traum auf seine Hände zu schauen.

b) Und umgekehrt: Trainieren Sie sich darauf, während des Wachzustands das Traumbewusstsein sozusagen mitlaufen zu lassen.

Machen Sie sich während Ihres wachen Lebens öfter bewusst, dass das, worauf Sie Ihre Wahrnehmung im Allgemeinen richten, die Oberfläche der Realität ist; und schenken Sie dem mehr Aufmerksamkeit, was unterhalb der Oberfläche abläuft. Beachten Sie die Bilder, Assoziationen, Gedanken, Stimmungen, Liedfetzen, Atmosphären, die in Ihrem Bewusstsein den Hintergrund des Oberflächengeschehens bilden; erinnern Sie sich ab und zu daran, dass dasselbe Bewusstsein, das Ihre Träume gestaltet, auch hier und jetzt, während Ihres wachen Lebens, vorhanden ist, nur eben im Hintergrund Ihrer Wahrnehmung – so wie ja auch die Sterne tagsüber vorhanden sind, obwohl Sie sie nicht sehen.

Hierauf ist Patricia Garfield ebenfalls ausführlich eingegangen. Viele spirituelle Meister weisen auf die Bedeutung des luziden Träumens hin. Ich selber habe die Erfahrung gemacht (vor allem während der Lektüre von Garfields Buch), dass luzides Träumen erlernbar ist und eine wunderbare, inspirierende, beflügelnde Erfahrung sein kann. »Luzide« zu träumen bedeutet, sich während des Träumens dessen bewusst zu sein, dass man träumt. Von dem Augenblick an, da man im Traum merkt, dass man träumt, kann man den Traum aktiv gestalten. Nehmen wir an, Sie träumen, dass Sie von einem Tiger verfolgt werden. Plötzlich werden Sie sich dessen bewusst, dass Sie träumen. Nun können Sie wählen: Sie bleiben stehen (Sie wissen ja, dass Ihnen nichts passieren kann, weil Sie nur träumen) und reden mit dem Tiger. Sie umarmen ihn. Oder Sie erheben sich in die Luft – im Traum ist ja alles möglich, auch das Fliegen – und schweben über dem Tiger. Oder Sie verwandeln den Tiger in ein Kätzchen.

Der große Wert des luziden Träumens – abgesehen davon, dass es seinen Wert in sich hat, weil es einfach wunderbar ist – liegt darin, dass wir das, was wir dabei lernen, auch auf den Traum anwenden können, den wir die Realität nennen. Auch die physische Realität wird, ähnlich wie der Traum, von unserem Bewusstsein gestaltet, nur dass ihre Natur dichter, schwerer, langsamer und dauerhafter ist als die Natur der Traumrealität und dass wir sie nicht allein gestalten, sondern gemeinsam mit anderen Wesen. Ansonsten gehorcht sie den gleichen Gesetzen. Wir gestalten sie schöpferisch aus unserer inneren Realität heraus. Luzide zu träumen hilft uns, luzide zu leben: zu erfahren, dass wir unsere Realität in schöpferischer Weise zumindest mitgestalten, anstatt uns als Opfer der Umstände zu erleben.

Erlernen kann man das luzide Träumen dadurch, dass man sich beharrlich, sowohl tagsüber als auch am Abend vor dem Einschlafen, vornimmt, sich im Traum dessen bewusst zu werden, dass man träumt. Kleine Aufträge an sich selber können, wie bereits erwähnt, dabei helfen, beispielsweise dass man im Traum auf seine Hände oder seine Füße schaut.

Der Augenblick, in dem wir eines Tages dieses Leben beenden, ist vielleicht so ähnlich, als wenn wir aus einem Traum aufwachen. Ich amüsiere mich manchmal damit, dieses Aufwachen jetzt schon zu üben, indem ich mein Leben oder eine bestimmte Situation anschaue und mir sage: »Es ist Traum. Es ist nicht die Wirklichkeit.« Man kann Ereignisse so interpretieren, wie man einen Traum interpretieren würde. Wenn man einen Traum auf seine Bedeutung hin untersucht, fragt man sich: »Warum und wozu habe ich das geträumt? Was will dieser Traum mir sagen?« Auf dieselbe Weise kann man Situationen seines Lebens betrachten. Es lockert die Identifikation mit der eigenen Person, und es erinnert uns daran, dass nichts von dem, was wir erleben, und von dem, was wir zu sein glauben, eine endgültige Realität darstellt.

Intuition und Energie

Wir sind stets von der Idee besessen, die Parameter der normalen Wahrnehmung zu durchbrechen. Aber wir scheitern jämmerlich daran … Es ist, als versuchten wir eine Mauer niederzureißen, indem wir mit dem Kopf dagegen anrennen. Der Mensch erkennt nicht, dass dieser Durchbruch eine Frage der Energie ist … Die Zauberer sagen, dass uns Energie befreit. Das ist hundertprozentig die Wahrheit.

AUS: CARLOS CASTANEDA, TENSEGRITY

Um ein intuitiverer Mensch zu werden, bedarf es eines erhöhten Grades an Bewusstheit, und um diese erhöhte Bewusstheit zu erreichen, brauchen wir ein erhöhtes Energieniveau. Deshalb gibt es Übungssysteme wie Qi Gong oder das bereits erwähnte Tensegrity, die mit nichts weiter als bestimmten Bewegungen, die den Energiepegel erhöhen und den Energiefluss in eine bestimmte Ordnung bringen, die Bewusstheit steigern – bis hin zum Erwachen. Ihre Begründer und Weiterentwickler haben beobachtet, dass in dem Maße, wie unser Energieniveau erhöht wird, auch unsere Bewusstheit sich steigert.

Wenn wir auf niedrigem Energieniveau dahindümpeln – Sie haben das sicher schon beobachtet –, ist unser Bewusstsein träge und eher passiv; es lässt sich überschwemmen von außengesteuerten Gedanken, das heißt von Gedanken, die sich in reaktiver Weise mit dem beschäftigen, was uns begegnet. Um in den intuitiven Modus umzuschalten, muss man dieses Radioprogramm ausschalten. Das ist etwas, was die meisten Menschen nicht zu können meinen. Meine Vorschläge zur Förderung der inneren Stille:

a) willentlich den inneren Dialog abstellen;
b) regelmäßig meditieren;

c) sich seines Atems bewusst sein;
d) Praktizieren von Tai Chi Chuan und/oder den Übungen zur inneren Stille und den Übungen für die rechte und die linke Seite aus dem Tensegrity-System[17] ;
e) Naturgeräuschen lauschen;
f) sich überhaupt im Lauschen und Zuhören üben.

Oder aber man muss eine Willensanstrengung unternehmen, um sich aus dem Sumpf dieser Gedanken herauszuziehen und die klare, reine Luft der Originalgedanken – jener nicht reaktiven, nicht konditionierten, von innen auftauchenden Eingebungen – zu atmen.

Die kollektiven und persönlichen Denkgewohnheiten sind tatsächlich mit einem Sumpf vergleichbar. Sie haben einen gewissen Abwärtssog – wir verlieren uns leicht darin – und die Tendenz, uns festzuhalten. Viele Menschen bewegen sich, glaube ich, zeitlebens in diesem Sumpf und merken es kaum. Vielleicht – hoffentlich – gibt es Momente in Ihrem Leben, wo Sie plötzlich und unverhofft eine atemberaubende neue Dimension entdecken, einen anderen Bewusstseinszustand: den der geistigen Stille, einer leuchtenden Klarheit oder eines stillen Verzaubertseins. Vielleicht bei einem einsamen Spaziergang am Meer, unter der Einwirkung einer sanften, tief greifenden Massage, bei einem Gipfel oder auch einem Schockerlebnis.

Wie kann man den Zustand geistiger Klarheit und Stille willentlich erreichen?

Das Problem besteht darin, dass es Absichtslosigkeit ist, die zu diesem Zustand führt. Wenn wir beispielsweise meditieren, müssen wir bis zu einem gewissen Grad unsere Absicht einsetzen – die Absicht zu meditieren, in innere Stille einzutreten, uns auf höhere Ebenen zu erheben –, aber die eigentliche Meditation setzt erst dort ein, wo die Absicht aufhört.

Wie wird man absichtlich absichtslos?

Es ist ähnlich paradox wie mit dem Festhalten und Loslassen. Wenn man nicht einfach loslassen kann – und genau das ist ja das Problem, wenn man festhält: Auch wenn einem noch so sehr einleuchtet, dass man einfach loslassen kann und sollte, man kann es eben nicht –, dann muss man das Festhalten annehmen. Geschieht dies aufrichtig und von Herzen, so bewirkt genau dies ganz von selber das Loslassen.

Absichtslosigkeit erreichen wir, indem wir uns um unsere Absicht kümmern. Wenn wir uns nicht genügend um unsere Absicht kümmern – wenn wir die Gefühle, aus denen heraus wir eine bestimmte Absicht hegen, nicht würdigen, und wenn wir nicht alles tun, um unserer Absicht gerecht zu werden –, dann wird diese Absicht uns nicht loslassen. Sie wird uns daran hindern, in den seligen, gelassenen, intuitionsfördernden Zustand der Absichtslosigkeit einzutreten.

Dazu bedarf es natürlich zunächst der Klarheit, worin unsere Absicht oder unsere Absichten überhaupt bestehen. Was beabsichtigen wir im Leben? Was beabsichtigen wir in dieser oder jener Beziehung, in unserem Job, mit unserem Streben nach Karriere, Besitz oder Familie? Was beabsichtigen wir mit unserer Handlungsweise? Welches sind unsere Absichten?

Untersuchen Sie diese Fragen bitte gewissenhaft und wohlwollend, auf keinen Fall urteilend, sonst verbergen sich die wahren Absichten. Finden Sie die eigentlichen Wünsche hinter Ihren Absichten – das, um dessentwillen Sie dies oder jenes beabsichtigen. Jeder dieser Wünsche ist Ausdruck einer legitimen Sehnsucht Ihres Herzens, eigentlich Ihrer Seele. Stehen Sie dazu. Bekennen Sie sich dazu. Richten Sie Ihre Absicht in aller Klarheit auf die Erfüllung dieser Wünsche. Tun Sie alles dafür, was Sie dafür tun können – dann und erst dann können Sie wirklich loslassen und in den Zustand der Absichtslosigkeit eintreten. Sie haben das Ihrige getan. Den Rest können Sie dem Leben überlassen. Hier sind wir wieder beim Thema »Wünschen«, das vielen Menschen auf dem spirituellen Weg Kopfzerbrechen bereitet. Soll man nun Wünsche haben oder nicht? Natürlich gibt es kein »Soll« außer in unserem eigenen Denken; unleugbare Tatsache aber ist, dass wir Wünsche haben. Ausgerechnet ein großer Yogi, Yoganandas Lehrer Sri Yukteswar, hat einmal gesagt, dass es nur einen Weg gibt, Wünsche zu überwinden – nämlich indem man sie sich erfüllt. Wohl ist es wahr, dass es weit weniger Leid und gar keine Enttäuschung gäbe, wenn wir keine Wünsche hätten; aber wir haben sie nun mal, und zwar aus gutem Grund. Wünsche sind Ausdruck von Sehnsucht, und Sehnsucht ist die Kraft, die unsere Entwicklung vorantreibt. Wünsche geben dieser Kraft Richtung. Nichts raubt uns so sehr die Lust, die Liebe und die Kraft wie das Unterdrücken unserer Wünsche – sei es, weil wir ihre Erfüllung für unmöglich halten, sei es, weil wir uns verbieten, Wünsche zu haben. »All-das-was-ist vibriert vor Verlangen«, sagte Jane Roberts' geistiger Lehrer Seth. »Das Verleugnen eures Verlangens führt zu Lustlosigkeit.«[18]

Tatsächlich können wir, wenn wir so vorgehen wie eben geschildert, das Kunststück fertig bringen, unsere Sehnsucht zu leben, unseren Wünschen gerecht zu werden und zugleich nicht auf das Ergebnis fixiert zu sein. Wir können, mit anderen Worten, unserer Absicht folgen und gleichzeitig absichtslos sein.

Vielleicht ist es das, was Castanedas Lehrer die »kontrollierte Torheit« nannte. Wir tun alles für unsere Ziele, als wären sie das Wichtigste auf der Welt, und wenn wir alles getan haben, lassen wir los – wissend, dass »nichts wichtiger ist als irgendetwas anderes« (Castaneda).

Bei dieser Lebensweise ist es leicht, ein erhöhtes Energieniveau zu erreichen und aufrechtzuerhalten. Wenn Sie Ihre Sehnsucht leben, klare Absichten verfolgen und alles tun, was Sie tun können, um sich Ihre Wünsche zu erfüllen, werden Sie automatisch viel Kraft aus Ihrem Innern mobilisieren. Wenn Sie dann loslassen und sich absichtslos durchs Leben bewegen, wird Absichtslosigkeit, verbunden mit dem intuitiven Modus, Sie automatisch dorthin führen, wo viel Energie für Sie verfügbar ist, und sie wird Ihnen auch sagen, wann es an der Zeit ist zu ruhen und wann es an der Zeit ist, aktiv zu sein. Absichtslosigkeit wird Sie von einem Platz fortbewegen, wo Sie unnötig Kraft verlieren, oder ein Gespräch beenden lassen, das Sie sinnlos Energie kostet.

Im Zustand erhöhter Energie ist es wesentlich leichter, Eingebungen, Inspirationen und unmittelbares Wissen wahrzunehmen als bei mittelmäßigem oder niedrigem Energieniveau. Wir schwimmen oben auf dem Meer der Gedanken; unser Kopf ist nicht unter Wasser – überschwemmt von alltäglichen Gedanken –, sondern über dem Wasser; das heißt, Gedanken und Gefühle sind zwar in unserem Bewusstsein vorhanden, aber wir lassen uns nicht von ihnen überschwemmen, davontragen und herunterziehen. Unsere Wahrnehmung ist offen nach oben hin, zum Himmel, das heißt zu den höheren Ebenen.

Intuition und Disziplin

Der Geist offenbart sich dem Krieger jederzeit. Aber das ist nicht die ganze Wahrheit. Die ganze Wahrheit ist die, dass der Geist sich jedem Menschen mit der gleichen Intensität und Beständigkeit offenbart, aber nur Krieger sind ständig auf diese Offenbarungen eingestimmt.

AUS: CARLOS CASTANEDA, DIE KRAFT DER STILLE

Über die reine Lebensenergie hinaus ist die Fähigkeit, unseren Zugang zum unmittelbaren Wissen – zur Intuition – zu aktivieren und vor allem auch zu nutzen, auch eine Sache der »persönlichen Kraft«. Das ist nun auch wieder ein Ausdruck, den Carlos Castaneda gebraucht. »Alles, was wir tun, alles, was wir sind, beruht auf unserer persönlichen Kraft. Haben wir genug davon, dann genügt vielleicht ein einziges Wort, das uns gesagt wird, um unser ganzes Leben zu ändern. Haben wir aber nicht genug persönliche Kraft, dann mag es sein, dass uns die wunderbarste Weisheit offenbart wird, und diese Offenbarung würde nicht das Geringste bewirken«, sagt sein Lehrer, der Schamane Juan Matus.[19]

Diese »persönliche Kraft« – so wie ich sie verstehe – entsteht durch Handeln. Hier geht es nicht mehr um Aktivierung und Akkumulation von Lebensenergie (»Prana«, »Chi«), sondern um eine Art psychisch-geistige Kraft, die wir daraus gewinnen, dass wir in disziplinierter Weise leben. Disziplin bedeutet in diesem Zusammenhang nicht, jeden Morgen um sechs Uhr aufzustehen oder sich das Kaffeetrinken zu verkneifen, sondern im richtigen Moment das Richtige zu tun, also seiner inneren Stimme nicht nur Aufmerksamkeit zu schenken, sondern ihr auch zu gehorchen. Mit jedem Mal, da wir das tun, gewinnen wir mehr von dieser Kraft, die uns in die Lage versetzt, wiederum noch deutlicher wahrzunehmen, was im jeweiligen Moment das Richtige ist, und es auch zu tun. Durch richtiges Handeln – Handeln in Übereinstimmung mit seinem Gefühl, seiner Intuition – wächst also in uns eine Kraft, die es uns mit der Zeit immer leichter macht, richtig zu handeln und noch mehr von dieser Kraft anzusammeln. Und umgekehrt zerstreut sie sich wieder durch Mangel an Disziplin, durch Unachtsamkeit oder Sichgehenlassen.

Diese Kraft nun ist die gleiche im oben stehenden Zitat erwähnte »persönliche Kraft«, die uns in die Lage versetzt, Offenbarungen des inneren Wissens zu verstehen (verstehen im Sinne von realisieren). Das heißt, wir können nicht nur mit dem Verstand nachvollziehen, was gemeint ist, sondern wir verstehen mit dem ganzen Wesen, und das bedeutet Veränderung. Jedes Verstehen dieser Art verändert uns.

Intuition und Sexualität

Liebe ist der Meister der Energie … Wie auch Meditation und Gebet sollte der Sex eine besondere Zeit sein, in der Sie üben, Ihr Herz zu öffnen und Ihre Liebe voll zu geben … Wenn Ihr Herz verschlossen ist, wird der Fluss Ihrer Energie behindert.

AUS: DAVID DEIDA, DER WEG DES MANNES

Bei dem folgenden Text handelt es sich um intuitives Wissen, das sich unaufgefordert zu Wort meldete, als ich Papier und Stift bereitgelegt hatte, um ein neues Kapitel für dieses Buch zu schreiben. Dieses Kapitel und das darauf folgende sind auf andere Weise zustande gekommen als der übrige Text des Buches; es handelt sich nicht um Erfahrungswissen, sondern um Intuition. Deshalb kann ich auch nicht mit Erfahrungen aufwarten, die das im Folgenden Gesagte belegen. Die auf diese Weise zustande gekommenen Texte sind im Buch der Unterscheidung halber in einer besonderen Schrift abgedruckt.

Es gibt einen Zusammenhang zwischen der sexuellen Energie und der Energie der Intuition und Kreativität (was verwandte Bereiche sind). Wir[20] raten zu beobachten, wie Intuition fließt oder blockiert ist, je nachdem, wie die sexuelle Energie im Fluss ist. Ihr werdet erstaunliche Beobachtungen machen.

Was bedeutet es, wenn die sexuelle Energie »im Fluss« ist? Das hat nicht unbedingt damit zu tun, ob ihr derzeit sexuelle Beziehungen habt oder nicht. Wenngleich sexuelle Begegnungen der richtigen Qualität (darauf wird später näher eingegangen) dazu beitragen können, dass der Fluss der sexuellen Energie erhöht wird, ebenso wie sexuelle Begegnungen der falschen Qualität dazu beitragen können, diesen Energiefluss zu verringern oder zu unterdrücken.

Nun, ganz grundsätzlich: Sexuelle Energie ist im Fluss, wenn der ganze Mensch von ihr durchströmt wird. Stellt euch vor, ihr seid mit einem Menschen zusammen, den ihr liebt und begehrt. Lasst es, während ihr euch das vorstellt, zu, dass sexuelle Erregung in euch aufsteigt. Unterdrückt sie nicht, gleitet jedoch nicht ab in Fantasien, sondern beobachtet, wie die Energie erregt wird und aufsteigt. Anstatt sie in den Genitalien zu konzentrieren, erlaubt ihr ihr nun, sich im ganzen Körper auszubreiten. Unterstützt das mit der Atmung. Beobachtet, wie der Strom der sexuellen Energie wie eine Welle der Lebenskraft alle Zellen eures Körpers erfüllt. An diesem Punkt ist es sehr wichtig, euch auf die Energie und den Atem zu konzentrieren und nicht auf sexuelle Fantasien. Lasst die Energie auch euer Herz berühren (deshalb ist es wichtig, für die Übung einen Menschen auszuwählen, den ihr nicht nur körperlich begehrt, sondern auch liebt oder jedenfalls sehr gern habt). Lasst sie auch euren Kopf erreichen und stellt euch vor, wie sie am Scheitelpunkt des Kopfes sich mit einer Kraft vermählt, die von oben – von den höheren, überpersönlichen Ebenen eurer selbst – herabsteigt. Lasst die vereinte Energie der Sexualität und der Intuition/Inspiration (der höheren Ebenen) nun wie einen feinen Regen herabsteigen in euren Körper, euer Gemüt und euer Herz.

Mit dieser Übung stellt ihr die sexuelle Energie eurem höheren Selbst als Trägerkraft für Intuition, Inspiration und Erleuchtung zur Verfügung.

Damit soll keineswegs gesagt sein, dass ihr auf Sex verzichten müsst, um das tun zu können. Nur ist es notwendig, dass eure sexuellen Kontakte eine gewisse Qualität aufweisen, damit die sexuelle Energie nicht verpufft und nicht verringert oder unterdrückt wird durch die Art, wie ihr miteinander verkehrt.

Lehnt euch einen Augenblick zurück und erinnert euch an eure letzte sexuelle Begegnung. Rekapituliert sie vom Anfang bis zum Ende. Achtet dabei auf das, was in euch selber passiert ist. Was geschah mit der sexuellen Energie in eurem Körper? Richtet dann euer Augenmerk, euer Hinspüren auf euren Partner. Wie nehmt ihr im Rückblick die Energie in seinem/ihrem Körper wahr? Und als Letztes richtet euer Augenmerk auf die Art, wie eure Energien sich verbunden haben. Wie nehmt ihr die Verbindung wahr?

Die sexuelle Energie verpufft, wenn während des Kontaktes die Energie sich ausschließlich in den Genitalien konzentriert und sich, ohne sich im ganzen Körper auszubreiten und ohne das Herz zu berühren, von dort aus entlädt.

Die sexuelle Energie verringert sich, wenn sie während der sexuellen Begegnung überwiegend in den Genitalien konzentriert bleibt und sich von dort aus bei nur flüchtiger Ausbreitung in den Rest des Körpers und keiner oder nur flüchtiger Berührung des Herzens entlädt.

Die sexuelle Energie wird durch Sex unterdrückt, wenn zwischen den Partnern gravierende Probleme oder Unstimmigkeiten existieren, die es unmöglich machen, dass die beiden sich einander öffnen, und die gerade nur einen mechanischen sexuellen Kontakt, möglicherweise unter Zuhilfenahme von Fantasien, zulassen.

Die sexuelle Energie wird ferner natürlich dann unterdrückt, wenn sexuelles Verlangen existiert, aber von den betreffenden Personen nicht wahrgenommen (also verdrängt) wird, weil sie der Meinung sind, das Wahrnehmen dieses Verlangens wäre in irgendeiner Weise schädlich. Hier liegt aus unserer Perspektive natürlich ein Missverständnis vor. Verlangen ist niemals schädlich; Verlangen ist der natürliche Ausdruck der Lebenskraft. Schädlich ist die Unterdrückung des Verlangens. Ihr könnt mit sexuellem Verlangen, das sozusagen in unbotmäßiger Weise auftaucht (also wenn es nicht erwünscht oder gesellschaftlich nicht erlaubt ist) ähnlich vorgehen wie oben beschrieben: euch dem Gefühl zuwenden, beobachten, wie die Energie aufsteigt, ihr erlauben, sich im ganzen Körper auszubreiten und das Herz zu berühren, ferner zulassen und beobachten, wie sie den Scheitelpunkt des Kopfes erreicht und sich dort mit der von oben kommenden Energie der höheren Sphären vermählt. Auf diese Weise könnt ihr die Begegnung mit einer Person, die sexuelles Verlangen in euch weckt, nutzen, um eure Lebensenergie zu steigern und diese Energie eurem höheren Selbst zur Verfügung stellen.

Die sexuelle Energie wird durch Sex gefördert und für das Gesamtwesen einschließlich des höheren Selbst, der Quelle der Intuition, nutzbar gemacht, wenn die Entladung des Orgasmus erst dann erfolgt, wenn die sexuelle Energie sich in beiden Partnern vollständig ausgebreitet hat und auch die Herzen mit Liebe erfüllt.

Hierzu hat jeder der beiden Partner, der Mann und die Frau, einen Schlüssel. Die Frau besitzt den Schlüssel zu diesem Vorgang insofern, als es ihre natürliche sexuelle Veranlagung ist, sich der Energie zu öffnen und sich von ihr erfüllen zu lassen. Deshalb können Frauen leichter als Männer ihre sexuelle Erregung am ganzen Körper und nicht nur an den Genitalien empfinden. Der Mann besitzt einen Schlüssel zu diesem Vorgang insofern, als er die natürliche Fähigkeit und Aufgabe hat, die Vorgänge in einer Weise zu steuern, die es der Frau möglich macht, sich ganz zu öffnen. So wie die Frau von Natur aus die Fähigkeit hat, sich zu öffnen und erfüllen zu lassen, so hat der Mann die natürliche Fähigkeit, Energie zu bündeln und zu kanalisieren und mit der gebündelten und kanalisierten Energie zu durchdringen und zu dirigieren. Daher empfindet ein Mann sexuelle Energie von Natur aus zunächst in konzentrierter Form in den Genitalien und nicht am ganzen Körper.

Wenn der Mann seine Fähigkeit nutzt, die sexuelle Energie zu bündeln, zu kanalisieren und zu dirigieren, um seiner Partnerin zu helfen, sich ihm und der sexuellen Erregung so vollständig zu öffnen, dass die Energie ihren ganzen Körper erfüllt und ihr Herz öffnet und berührt, und bis zu diesem

Augenblick mit seinem physischen Eindringen wartet, dann springt im Augenblick seines Eindringens der Zustand des Erfülltseins (durch vollständige Ausbreitung der Energie) vom weiblichen Herzen zum männlichen Herzen über – vorausgesetzt, der Mann erlebt den Augenblick seines Eindringens mit offenem Herzen.

Auf diese Weise ermöglichen die Partner, dass durch die Art ihres Zusammenkommens die sexuelle Energie sich in beiden Körpern vollständig ausbreitet und die Herzen berührt, und gleichgültig, wie der weitere Verlauf der Begegnung sich gestaltet, gleichgültig auch, wie lange sie von diesem Moment an dauert und was sie im Einzelnen beinhaltet oder nicht beinhaltet: Es ist hiermit die Basis für ein freies Fließen der sexuellen Energie geschaffen.

So viel zum Thema Unterstützung der Intuition durch Anhebung und Fließenlassen der sexuellen Energie. Manche werden sich unter dem Titel »Intuition und Sexualität« eher vorgestellt haben, dass wir darauf eingehen, wie ihr intuitiver mit euren sexuellen Beziehungen umgehen könnt, nicht wahr? Nun, aus unserer Perspektive ist das nicht nötig, dieser Frage ein Extrakapitel zu widmen, sondern ihr müsst einfach die Informationen und Anregungen, die in diesem Buch gegeben werden, auf den Bereich Sexualität und Beziehungen übertragen. Einige Hinweise könnten allerdings von zusätzlichem Nutzen sein:

Intuition verlangt eine reine Basis. Das bedeutet, dass euer Handeln nicht von komplizierten Erwägungen bestimmt ist, sondern spontan aus der Wahrheit des Augenblicks heraus entsteht. Intuition wird ausbleiben, solange ihr an der Wahrheit des Augenblicks vorbeilebt. Das gilt auch und ganz besonders für den Bereich der sexuellen Beziehungen. Wenn ihr beispielsweise die rote Ampel überfahrt, die in eurem Innern zu Beginn der sexuellen Aktivitäten – als ohne weiteres noch Zeit war für einen Rückzug – aufgeleuchtet hat (vielleicht weil es nicht der richtige Moment für Sex war oder nicht der richtige Partner), dann werdet ihr mit der Situation, die ihr aus eurem – letztlich von Angst gesteuerten – Eigenwillen heraus geschaffen habt, ohne Hilfe der Intuition zurechtkommen müssen – jedenfalls solange ihr auf dem falschen Kurs bleibt. Allerdings besteht in jedem Augenblick die Möglichkeit zur Umkehr, das heißt zum Umschalten auf das Prinzip Wahrheit. »Tut mir Leid, Liebling, aber etwas stimmt im Augenblick nicht mit mir; ich fühle mich nicht wohl dabei, ich möchte lieber aufhören oder unterbrechen.«

Um euch inmitten eines sexuellen Kontakts von eurer Intuition leiten zu lassen, müsst ihr euch dem Fluss der Ereignisse hingeben, ohne euch von euch selber (euren Ängsten, Gewohnheiten oder Vorstellungen) oder eurem Partner in eine Richtung drängen zu lassen, die mit diesem Fluss nicht im Einklang ist. Das Beste ist, ihr stimmt euch vorher ein (allein im Stillen oder, wenn möglich, gemeinsam) – auf was auch immer euch wichtig ist. Beispielsweise darauf, dass diese Begegnung so verlaufen soll, dass sie beide in optimaler und maximaler Weise erhebt und bereichert – so wie es den jeweiligen Möglichkeiten des Augenblicks entspricht; die können groß oder klein sein! Optimal und maximal muss nicht bedeuten, dass ihr die atemberaubendste Liebesnacht eures Lebens erlebt – nur dass ihr die Möglichkeiten, die im gegenwärtigen Moment real vorhanden sind, ergreift und ausschöpft, welche es auch sein mögen. Wobei es aus unserer Perspektive niemals die Techniken und Stellungen sind, die wichtig sind, auch nicht die Dauer des Zusammenseins, sondern einzig und allein die Art, in der die Energie geweckt, ausgebreitet, vermählt und erhoben wird. Eine religiöse Einstimmung ist dazu nicht unbedingt erforderlich – sie kann sogar abträglich sein, wenn sie falsch, das heißt einengend, verstanden wird; besser ist es, sich ehrlich und schlicht aufeinander zuzubewegen, sich einander zu öffnen und miteinander zu tanzen.

Lasst euch frei führen von eurer Intuition, bei jeder Bewegung, jeder Handlung, und ihr werdet in immer wieder neuer und erfüllender Weise miteinander tanzen, wobei die Intuition euch zu immer größeren Tiefen und Höhen sexueller Leidenschaft, Liebe und Erfüllung tragen wird.

Dafür ist es allerdings notwendig, jedwede Gewohnheit beiseite zu lassen, was, wie ihr alle wisst, alles andere als leicht ist. Es wird euch übrigens leichter fallen, wenn ihr eine Weile zölibatär gelebt habt und euch dann für längere Zeit mit einem einzigen Partner einlasst, anstatt zu wechseln. Der häufige Partnerwechsel führt, paradoxerweise, oft zur Anhäufung und Verfestigung von Gewohnheiten, während ihr dem sexuellen Erleben in einer monogamen Beziehung durch das mit der Zeit wachsende Vertrauen und die größer werdende Öffnung zur Liebe leichter erlauben könnt, sich mit der Zeit zu vertiefen, zu verändern und zu entfalten. Wie auch immer ihr das handhabt: Kehrt vor Beginn der sexuellen Aktivitäten sozusagen in Punkt null ein, in einen Augenblick des schweigenden Versenkens, Spürens und Einstimmens auf die Neuigkeit und Einmaligkeit der vor euch liegenden Begegnung, und es wird euch leichter fallen, euch dem Fluss der natürlichen Intuition zu überlassen, anstatt in Gewohnheiten zu verfallen.

Offenheit für Intuition verlangt, dass ihr in der Lage seid, eure Ängste zu transzendieren, und das wiederum ist euch nur möglich, wenn ihr diese Ängste, wenn sie auftauchen, bewusst spürt, anstatt sie zu überspielen. Vielleicht gibt es beispielsweise einen Moment, da Angst in euch auftaucht, beispielsweise euer Gesicht zu verlieren oder nicht mehr geliebt zu werden, wenn ihr euch auf etwas Bestimmtes einlasst. Haltet dann für einen Augenblick inne und fühlt eure Angst, bevor ihr euch entscheidet, euch dem Fluss der Ereignisse hinzugeben.

Intuition und Kreativität

Gott liebt die Wesen, die er geschaffen hat, auch die geringsten …
Er hat Freude an der Weiterentwicklung jedes einzelnen
Bewusstseins und an dem kleinsten schöpferischen Akt eines jeden
seiner Geschöpfe. So hat All-das-was-ist aus sich heraus Myriaden
individualisierten Bewusstseins zur Existenz verholfen …
Sie alle tragen das Verlangen in sich, zur Urquelle kosmischen
Bewusstseins zurückzufinden, und sie erreichen dies und stillen
ihr Verlangen durch eigene Schöpfungen.

AUS: JANE ROBERTS, DAS SETH-MATERIAL

Es gibt zwei Arten von Kreativität. Oder besser, zwei Komponenten. Die eine kommt von unten, die andere von oben. Die Kreativität, die von unten kommt, bedient sich bereits vorhandener Elemente und formt sie zu einem neuen Ganzen. Die Kreativität, die von oben kommt, schafft etwas aus nichts heraus. Sie basiert auf Inspiration und führt dazu, dass etwas Neues entsteht. In vielen Fällen arbeiten beide Komponenten zusammen.

Wir gehen hier nur auf den Teil der Kreativität ein, der von oben kommt. Ähnlich wie die Intuition entspringt sie einer überpersönlichen Quelle – einer Quelle, die über die Reichweite der persönlichen Perspektive, über alles Bekannte hinausreicht. Sie entsteht, von der persönlichen Perspektive aus gesehen, aus dem Nichts. Aus einer höheren Perspektive gesehen entspringt sie natürlich einer bereits vorhandenen, aber dem Ich oder dem Kollektiv nicht bekannten Realität – der Realität des im Keim schon Vorhandenen, aber noch nicht Geformten.

Handelt es sich um Intuition, so entsteht aus dieser überpersönlichen Quelle ein Wissen, eine Information, ein Hinweis. Handelt es sich um schöpferische Inspiration, so entsteht aus derselben überpersönlichen Quelle eine Form, beispielsweise ein Bild oder ein Lied.

Der Vorgang der Öffnung ist derselbe. Dieselbe Einstellung ist notwendig, um sich der Intuition oder der schöpferischen Inspiration zu öffnen. Wir wollen hier auf einige Komponenten dieser Öffnung eingehen, die im Buch bisher noch nicht oder nicht ausführlich genug beschrieben worden sind.

Öffnung bedeutet, etwas zuvor Eingeengtes, Kleines größer und weiter machen. Was ist das Eingeengte, Kleine, das größer gemacht werden muss? Es ist das Gefäß der Wahrnehmung. Üblicherweise richtet ihr eure Wahrnehmung auf den Bereich des bereits Bekannten: auf Tatsachen, Fakten, Erinnerungen, Daten, die in eurem Gehirn bereits aufgrund eurer Erfahrungen gespeichert sind. Wenn ihr die Wahrnehmung auf diese Weise auf das bereits Bekannte fokussiert, ist sie zu eng, um Raum zu schaffen für etwas Neues, Unbekanntes – für Intuition oder Inspiration. Ihr müsst diesen Raum weiter machen. Das heißt, ihr müsst über das bereits Bekannte hinaussehen – auch wenn ihr noch nicht erkennt, was ihr seht.

Nehmen wir ein Beispiel: Ihr befindet euch in einer finanziell schwierigen Situation. Üblicherweise ist nun euer Geist fokussiert auf das, was ihr bereits kennt und wisst von der Situation – und oftmals sogar nur auf die negativen Komponenten der bereits bekannten Daten. Das heißt: Ihr seht den Mangel. Ihr seht den Bedarf. Ihr richtet euer Augenmerk auf diesen Mangel, diesen Bedarf und verzweifelt angesichts dieses Blicks auf einen unmöglichen Zustand – einen negativen, scheinbar unabänderlichen Zustand.

Wenn ihr einen Schritt zurücktretet, könnt ihr immerhin die bereits bekannten Daten, die zu eurer Situation gehören, insgesamt betrachten, das heißt nicht nur die negativen Fakten in ihrer Gesamtheit, sondern auch die positiven. Nehmt ein großes Blatt Papier. Schreibt darauf die Aktiva und die Passiva eurer Bilanz. Das heißt, ihr schreibt einerseits die Fehlbeträge auf – das Geld, das ihr braucht und das sich im Augenblick nicht in eurem Besitz befindet; schreibt auch all das hinzu, was ihr euch wünscht, nicht nur das, was ihr ganz offensichtlich braucht, um euren Lebensunterhalt zu bestreiten, eure Rechnungen zu bezahlen, eure Schulden zu begleichen und so fort. Wenn ihr das, was ihr euch wünscht, aber nicht unbedingt zum Überleben braucht, ausklammert, weil die Last der Schulden und unbezahlten Rechnungen zu groß erscheint, um auch Raum für Luxus zu lassen, so werdet ihr auch weiterhin immer knapp bei Kasse sein. Schreibt also sowohl das Notwendige auf als auch das, was ihr euch wünscht. Verseht all diese Negativdaten mit einem Minuszeichen, um anzuzeigen, dass es sich dabei um etwas handelt, was gebraucht oder gewünscht, aber noch nicht vorhanden ist.

Schreibt dann dazu, was ihr bereits besitzt. Sowohl das Geld, das ihr in der Tasche oder auf dem Konto oder in Wertpapieren habt, als auch Hausbesitz, Auto, Möbel und dergleichen. Setzt davor ein Pluszeichen.

Schreibt dann auf, was ihr realistischerweise erwarten könnt. Außenstände, anstehende Geschäftsabschlüsse, bevorstehende Gehaltszahlungen und so fort. Setzt ein Pluszeichen davor.

Schreibt dann euer Potenzial auf. Alles, was ihr noch tun und in Geld umsetzen könntet, wenn ihr eure Möglichkeiten voll ausschöpfen würdet. Setzt ein Pluszeichen davor.

Schreibt ferner eure Qualitäten und Talente dazu. Alle Qualitäten und Talente, die ihr eurer Kenntnis nach besitzt und die ihr der Welt zur Verfügung stellen könntet, auf eine Weise, die sich früher oder später in Geld niederschlagen kann. Nehmt auch Talente hinzu, die sich gerade erst entfalten, oder solche, die ihr besitzt, aber seit langer Zeit nicht mehr nutzt. Die Liste sollte möglichst vollständig sein.

Betrachtet dann das ganze Werk und lasst es auf euch wirken.

Das ist eure Bilanz, soweit sie von eurem Verstand erfassbar ist.

Tretet dann einen großen Schritt zurück. Betrachtet eure

Bilanz, aber lasst euer Blickfeld sich über diese Bilanz hinaus erweitern, sodass oberhalb der Bilanz, rechts und links daneben, unterhalb und hinter der Bilanz Platz entsteht. Das ist so ähnlich, als wenn ihr ein Foto macht und die Linse nicht auf den Gegenstand fokussiert, der im Vordergrund oder im Zentrum eures Bildes steht, sondern die Schärfe so einstellt, dass auch das ganze Umfeld erkennbar ist und die Brennweite eine größere Entfernung beinhaltet – das heißt, dass auch der Hintergrund des Objekts erkennbar wird.

Lasst dieses Gesamtbild auf euch wirken. Stellt euch darauf ein, dass sich zu dem ursprünglich anvisierten Objekt – eurer Bilanz mit den bekannten Daten – weitere, bislang nicht erkennbare Komponenten, Strömungen, Gestalten, Daten, Informationen und Einflüsse gesellen. Forciert diesen Vorgang nicht, sondern stellt euch einfach darauf ein, dass es geschieht; dass Material aus dem Hintergrund hervortritt und sich materialisiert, das bislang jenseits eures Blickfeldes lag. Nehmt dieses Bild mit in den Schlaf und nehmt es mit in euren Arbeitstag. Lasst es wirken. Bittet um Intuition, um Führung, um Inspiration, bittet darum, dass die Situation bereichert wird dadurch, dass neue Möglichkeiten ins Blickfeld treten. Und stellt euch darauf ein, diese neuen Möglichkeiten, wenn sie auftauchen, zu ergreifen. Das muss nicht unbedingt so aussehen, dass ihr eine solche Möglichkeit bewusst erkennt, wenn sie auftaucht; möglicherweise ergreift ihr sie, ohne zu erkennen, dass es sich um eine neue Möglichkeit handelt, einfach indem ihr dem Fluss der Ereignisse wach und aufmerksam folgt und dabei auf eure Intuition hört. Lasst euch blind führen, sobald ihr diese Übung gemacht habt. Vertraut einfach darauf, dass euer Geist in Aktion tritt und neue Möglichkeiten aus dem Unbekannten hervortreten lässt und euch zur Nutzung präsentiert.

Das ist eine Art, wie ihr eine unliebsame Situation verwandeln könnt, indem ihr euch der Intuition oder der schöpferischen Inspiration öffnet.

Kreativ umzugehen mit einer Situation wie der oben geschilderten könnte nun zweierlei bedeuten: einerseits, dass ihr die Bilanz zieht, wie beschrieben, und dann mit den Daten, die ihr auf diese Weise zusammengestellt habt, auf eine neue Weise umgeht, indem ihr sie in einer neuen Weise zusammensetzt und dabei möglichst frei und spielerisch vorgeht.

Andererseits kann es aber auch bedeuten, dass ihr die ganze Bilanz, nachdem ihr sie erstellt, angeschaut und gewürdigt habt (indem ihr sie auf euch wirken lasst), beiseite fegt und euch ganz und gar dem Neuen öffnet. Seid ihr bereit, alles über Bord zu werfen, was euer bisheriges Leben und Denken ausgemacht hat, und Neuland zu betreten? Seid ihr bereit für eine Veränderung? Seid ihr bereit dazu, dass etwas Neues Platz greift in eurem Leben, und seid ihr bereit, dieses Neue willkommen zu heißen? Nun, dann braucht ihr nichts weiter zu tun, als darum zu bitten, dass das Alte sich erfüllt – das heißt, ihr betrachtet eure Bilanz und bittet darum, dass die Situation so, wie sie ist, ihren Zweck erfüllt, damit etwas Neues entstehen kann.

Seid dann offen für Einfälle. Seid offen für die Träume, die ihr in euren Nächten bekommt; seid offen für das, was euch in der Welt entgegentritt – Informationen aus der Zeitung, Bilder oder Worte, die euch in der Werbung ansprechen, Lieder, die etwas in euch zum Klingen bringen, Bemerkungen anderer Menschen, Erinnerungen an kindliche Einfälle, die plötzlich auftauchen, oder an alte Sehnsüchte, die nicht erfüllt sind … Lasst euch vom Leben überraschen. Folgt den Impulsen und Hinweisen, die ihr bekommt wie jemand, der Neuland betritt und keinerlei Vorgaben darüber hat, wohin er sich wenden und was er tun soll, sodass ihm nichts anderes übrig bleibt, als sich von inneren und äußeren Hinweisen führen zu lassen.

Das ist die Art, wie ihr das Leben zu einer Neuschöpfung in Gestalt eures Schicksals einladen könnt.

Wenn ihr über irgendeine künstlerische Begabung verfügt, so gering sie in euren Augen auch sei, so könnt ihr sie nutzen, um diesen Prozess zu unterstützen. Wenn ihr beispielsweise gerne malt, kritzelt oder schönschreibt, so könnt ihr euch mit einem schönen großen Blatt Papier und Buntstiften oder sonstigen Malmaterialien hinsetzen und das Leben bitten, eure Hand zu benutzen, um das Neue in eine sichtbare Gestalt zu bringen. Vielleicht schreibt ihr einen Text, einen Dialog, einen Brief ans Universum oder an euch selbst; vielleicht malt ihr ein Bild, vielleicht ein Selbstporträt, vielleicht eine Landschaft, vielleicht etwas Abstraktes; vielleicht kritzelt ihr etwas, das keinen künstlerischen Wert hat, aber für euch selber eine Bedeutung enthüllt, wenn es fertig ist oder während ihr es herstellt. Lasst eurer Inspiration freien Lauf. Besser gesagt, stellt euch mitsamt euren Malstiften der Intuition und Inspiration zur Verfügung. Erwartet nichts dabei, sondern spielt wie ein Kind.

Auf die gleiche Weise könnt ihr mit anderen künstlerischen Talenten umgehen. Ob ihr nun singt oder tanzt oder Klavier oder Geige spielt ... Nutzt euer Talent, um euch der Inspiration zu öffnen, um das Neue einzuladen, in euer Leben zu treten. Schielt dabei nicht auf Publikum, sondern tut es ganz rein, ganz spielerisch, ganz für euch selber.

Wenn ihr ein Künstler seid und daran arbeiten wollt, vermehrt Intuition und Inspiration für eure Arbeit zu nutzen, so ist das Wichtigste dabei, euer Handwerkszeug zu vervollkommnen. Übt, trainiert, verbessert eure handwerklichen Fähigkeiten, verbessert sie so lange, bis das Neue in reiner und unbehinderter Form durch euch Gestalt annehmen kann – und nicht verringert, gebremst oder verstümmelt durch die Einschränkung eurer technischen Möglichkeiten. Wenn ihr dann beginnt zu komponieren, zu malen, zu schreiben oder zu singen, so erhebt euch im Augenblick des Eintauchens zu eurer allergrößten Größe – im Wissen um eure Kunst, eure Fertigkeit, erhebt euch über eure Persönlichkeit, über alles Bekannte, lasst euch von eurer Sehnsucht emportragen zu den Gipfeln eures Wesens, zu dem, was für euch das Schönste, Wertvollste, Begeisterndste, Beseligendste, Heiligste ist, und dann lasst die Inspiration auf euch herabregnen wie ein beglückender Segen. Das ist das Schönste und das Beste, was ihr für euch, für die Kunst, für die Welt und für Gott tun könnt – was letztlich alles dasselbe ist.

Intuition und Gesundheit

Wenn wir nur von einer Heilung erwarten, dass es uns besser geht, und darum nur auf das Ich ausgerichtet sind, ist die zur Verfügung stehende Kraft viel geringer, als sie es sein könnte. Unsere Ganzheit ist nicht mit beteiligt. Kann man die Enge dieser bloß ichbezogenen Haltung einsehen und sich, im Vertrauen auf die Ganzheit eines jeden Augenblicks, bedingungslos dem Erleben hingeben, wird eine höhere Form der Lebenskraft zugänglich. Wenn Sie sich ganz den höchsten Möglichkeiten jenseits der gewöhnlichen Heilungsmöglichkeiten geweiht haben und bereit sind, sich der Fülle hinzugeben, die das Leben birgt, schwinden alle Gefühle von richtig und falsch … Unsere höchste Möglichkeit liegt in unserer größten Lebendigkeit.

AUS: RICHARD MOSS, KRANKHEIT – TOR ZUR WANDLUNG

Das Thema Gesundheit ist ein sehr komplexes Feld, das zudem mit vielen Ängsten und überkommenen Vorstellungen besetzt ist.

Beginnen wir mit der Gesunderhaltung. Das heißt, wir gehen davon aus, dass Sie im Prinzip gesund sind und so leben möchten, dass Sie es auch bleiben. Wie kann Ihnen die Intuition dabei helfen?

Die innere Stimme entstammt einem Bewusstsein, das überpersönlich ist, einer höheren Dimension als dem ichzentrierten, körpergebundenen Bewusstsein. Selbstverständlich hat diese höhere Dimension das Wohl auch des Körpers und der Persönlichkeit im Auge, aber eben auf eine umfassendere Art als das persönliche Ich. Das persönliche Ich betrachtet beispielsweise die Abwesenheit von Symptomen als Gesundheit. Bei einer umfassenderen Sichtweise beinhaltet Gesundheit auch das Auftauchen von Symptomen. Ein Symptom ist an sich nichts Verkehrtes, im Gegenteil, es dient dazu, die Gesundheit zu erhalten. Ein Symptom wie beispielsweise Schmerz macht den Menschen darauf aufmerksam, dass es etwas innerhalb seines Gesamtsystems gibt, das seiner Aufmerksamkeit bedarf. Es lenkt seine Aufmerksamkeit auf einen Bereich, dem es an angemessener Zuwendung oder Behandlung fehlt.

Der Körper ist nichts vom Geist oder der Psyche Getrenntes. Diese Sichtweise ist längst überholt. Körper, Psyche, Verstand und Seele sind verschiedene Ebenen oder Facetten ein und desselben Systems. Das heißt, ein körperliches Symptom ist niemals nur körperlich; sondern es ist ein Zeichen, durch das die Intelligenz des Gesamtsystems darauf aufmerksam macht, dass es etwas gibt, was angeschaut werden will.

Ein körperlicher Schmerz ist deshalb niemals nur ein körperlicher Schmerz; er ist zugleich ein psychischer Schmerz. Er ist sozusagen mit diesem identisch; es ist nur eine Frage der Einstellung der Wahrnehmung, ob man ihn körperlich oder psychisch wahrnimmt.

Das Auftauchen von Symptomen bedeutet also nicht, dass der Organismus krank ist. Von Krankheit kann man erst sprechen, wenn Symptome nicht beachtet werden; wenn der Mensch sich weigert, sich der Störung zuzuwenden, auf die das Symptom ihn aufmerksam machen möchte. Die »Krankheit« besteht daher letztlich nicht in ihrer physischen Erscheinungsform (als Entzündung, Degeneration, Krebs etc.), sondern in der Weigerung des Menschen, das betreffende Problem anzuschauen.

Selbst diese Weigerung allerdings kann, aus einer noch höheren Perspektive, immer noch als im Rahmen der Gesundheit des Gesamtsystems liegend betrachtet werden. Denn es gibt eine Zeit in der Entwicklung eines Menschen, in der er nicht in der Lage ist, ein bestimmtes Problem anzuschauen, ganz einfach deshalb, weil er noch nicht an dem Punkt in seiner Entwicklung angekommen ist, an dem er das Geschaute auch bewältigen kann. Er muss also verdrängen. Er wird dann versuchen, die

Krankheitssymptome zu übersehen oder zu überspielen oder mithilfe von Medikamenten oder Operationen zu entfernen.

Erst wenn es tatsächlich an der Zeit ist, die Augen auf das Problemgeschehen zu richten, und der Mensch dann zwar in der Lage ist und auch dazu angeregt wird, aber nicht willens ist hinzuschauen – erst dann könnte man mit Recht von einer Erkrankung sprechen, auch wenn dies aus einer noch höheren Perspektive betrachtet immer noch im Rahmen der Gesundheit liegt; aber diese Perspektive liegt so hoch über der üblichen menschlichen Betrachtungsweise, dass sie in unserem Zusammenhang nicht relevant ist. (Es ist diejenige Perspektive, aus der heraus man nur noch Vollkommenheit wahrnimmt.)

So viel zu Krankheit und Gesundheit im Allgemeinen.

Wie kann man sich also mithilfe seiner Intuition in einem etwas umfassenderen als dem üblichen, aber immer noch menschlich-realistischen Sinne gesund erhalten?

Wenn wir das wünschen, müssen wir das wieder freilegen und trainieren, was man Instinkt nennt. Instinkt ist Intuition auf körperlicher Ebene. Zum Instinkt gehören der Appetit (das ist nicht dasselbe wie Hunger; Hunger bezieht sich auf nichts Bestimmtes, nur auf Nahrung allgemein, während Appetit sich auf etwas Bestimmtes richtet), das Gespür für die Qualität von Orten und Plätzen, das Gespür für die Ausstrahlung von Menschen, Tieren und Pflanzen und das Verlangen des Körpers nach (einer bestimmten Art von) Bewegung oder Entspannung. Im weiteren Sinne gehört zum Instinkt auch das Gefühl dafür, welche Musik uns gut tut, welche Düfte, welche Farben, Stoffe, welches Klima und so fort.

Wenn wir optimal und maximal für unsere Gesunderhaltung sorgen möchten, dann müssen wir uns so weit wie irgend möglich befreien von allen einschränkenden Vorstellungen in Bezug auf diese Bereiche; von allem, was wir gelernt haben in Bezug auf das, was gesund und ungesund, falsch und richtig sei. Das heißt nicht, dass das Gelernte grundsätzlich ungültig ist; nur sollten wir nach Instinkt daraus auswählen können und nicht unsere Freiheit, uns so zu verhalten, wie es uns gut tut, von solchen Regeln einschränken lassen. Und schließlich müssen wir diese Bereiche – Ernährung, Bewegung, Wohnung, Gesellschaft, Kleidung, Reisen – von allen unnatürlichen Verknüpfungen mit psychischen Gegebenheiten befreien. Wenn beispielsweise dampfende Kartoffelknödel aufgrund Ihrer Kindheitserinnerungen für Sie Geborgenheit symbolisieren, dann liegt eine biografiebedingte, an sich unnatürliche Verknüpfung vor. Kartoffelknödel beziehen sich auf die körperliche Ebene, Geborgenheit auf die psychische; geben Sie Ihrem Körper das, was Ihr Körper braucht, und Ihrer Psyche das, was Ihre Psyche braucht. Sorgen Sie dafür, dass Sie sich geborgen fühlen, indem Sie sich mit Schutz und Wärme umhüllen, und fragen Sie dann Ihren Körper, was er wirklich essen möchte. Solche Verknüpfungen stiften viel Verwirrung. Vielleicht haben Sie vor zwanzig Jahren einen wunderbaren Urlaub in der Provence verlebt, und seither steht Provence in Ihrer Psyche für wunderbaren Urlaub. Wenn Sie nun Ihre Ferienreise planen, zieht Ihre innere Stimme Sie vielleicht nach Schottland, aber Sie widersprechen ihr energisch, weil Sie gehört haben, dass Schottland Wind und Wetter bedeutet, während Sie aber aus Erfahrung wissen, dass ein Urlaub in der Provence eine sonnige und wunderbare Angelegenheit ist. Sie fahren also in die Provence und erleben wahrscheinlich eine Enttäuschung. Vielleicht regnet es; vielleicht bläst Ihnen die ganze Zeit der Mistral um die Ohren; vielleicht ist das Wetter schön, aber die Laune schlecht, weil eben heute alles ganz anders ist als damals. Hören Sie auf Ihre innere Stimme und fahren entgegen aller Vorurteile und Erinnerungen nach Schottland, ist es sehr wahrscheinlich, dass Schottland für Sie eine entweder sehr schöne oder sehr wichtige und bereichernde Erfahrung, wenn nicht gar Offenbarung wird.

Was gesunde Ernährung betrifft, so halte ich die bereits erwähnte Methode von Pearson & Pearson für optimal, um den gesunden Instinkt des Körpers für die richtige Nahrung wieder freizulegen. Achten Sie auf das, was »summt«, das heißt auf das, was der Körper von sich aus haben möchte, anstatt dem zu folgen, was »winkt«. Verzehren Sie Ihre Mahlzeiten in Ruhe und mit Aufmerksamkeit; genießen Sie Geschmack und Konsistenz; achten Sie auf die Signale Ihres Körpers auch während der Mahlzeit. Sehnt sich Ihr Körper nach einer warmen Suppe als Vorspeise, dann quälen Sie ihn nicht mit einem kalten Salat, nur weil Sie vielleicht gelernt haben, man solle als Erstes etwas Rohes essen.

Für Fitnesstraining gilt sinngemäß das Gleiche. Wir alle brauchen irgendeine Art von Fitnesstraining, weil wir, in welchem Beruf wir auch arbeiten – es sei denn, wir sind Sportlehrer oder etwas Ähnliches –, den natürlichen Bewegungsbedürfnissen unseres Körpers nicht Rechnung tragen. Aber wie hält man sich am besten fit? Eigentlich ist es ganz einfach. Man muss nur auf seinen Körper hören. Nach welcher Art von Bewegung sehnt er sich? Im Allgemeinen werden auch im Fitnessbereich Dinge verknüpft, die von Natur aus nicht zusammengehören. Worum geht es Ihnen, wenn Sie Fitnesstraining betreiben? Vielen Menschen geht es dabei vordergründig um gutes Aussehen. Aber wozu wünschen wir uns gutes Aussehen? Um eine positive Wirkung auf Menschen zu erzielen, von deren Akzeptanz wir uns abhängig wähnen. Und warum möchten wir diese Wirkung erzielen?

Weil wir unsere Selbstachtung stärken möchten oder weil wir uns davon Glück versprechen. Letztlich geht es also bei dieser Art von Motivation um die Qualitäten Selbstachtung beziehungsweise Glücklichsein. Das sind Seelenzustände. Das heißt, um diesem Wunsch wirklich gerecht zu werden, muss man sich selber die Achtung geben, die man verdient, beziehungsweise man muss sein Herz der ihm bereits innewohnenden, aber möglicherweise verschütteten Qualität des Glücklichseins öffnen. Und man muss seinem Körper die Art von Bewegung verschaffen, bei der er sich wohl fühlt, bei der das Glücksgefühl, das der Körperlichkeit innewohnt, geweckt wird.

Das ist ein wesentlich direkterer und erfolgversprechenderer Weg, die erwünschten Zustände zu realisieren, als der umständliche und keineswegs sicher zum Ziel (Selbstachtung und Glück) führende Weg des Bodystylings. Nebenbei bemerkt, erzielen Sie mit Sicherheit eine positive Wirkung auf Ihre Mitmenschen (was ja Ihre vordergründige Absicht war), wenn Sie glücklich sind und sich selber achten. Und ganz sicher wird Sie dann auch aus dem Spiegel eine Person anschauen, die gut aussieht. Auf diese Weise können Sie sich von der lästigen Idee befreien, Sie müssten soundso viele Stunden pro Woche die immer gleichen Bewegungen an langweiligen Geräten vollführen oder was auch immer Sie für Ihr Bodystyling tun. Sorgen Sie auf diese Weise für die inneren Qualitäten, die Sie in Wirklichkeit anstreben, dann können Sie die Wahl Ihres Körpertrainings von diesen eigentlich psychischen Zielsetzungen befreien. Das heißt, Sie können anfangen, auf Ihren Körper zu hören und ihm die Art Bewegung und Training zu verschaffen, die er liebt. Vielleicht fällt Ihre Wahl auf die gleiche Art von Training, vielleicht auf eine ganz andere. Vielleicht möchte Ihr Körper viel lieber hüpfend, singend und tanzend bewegt werden als per Fitnessgymnastik; vielleicht möchte er schwimmen oder Fußball spielen oder laufen. Vielleicht liebt er Bodengymnastik oder Ballett. Oder Tai Chi. Oder Schütteln oder Kreiseln wie ein Derwisch. Vielleicht möchte er jeden Tag etwas anderes. Vielleicht liebt er das Muskeltraining an den Geräten im Fitnessstudio wirklich, und nun, da es befreit ist von den damit verknüpften Zielen und Erwartungen, macht es womöglich erst richtig Spaß.

Allerdings kann es auch Zeiten in Ihrem Leben geben, wo Sie aus welchen Gründen auch immer nicht in der Lage sind, Ihrem Körper die Art von Bewegung zu verschaffen, die er braucht und liebt, und sich einfach deshalb, weil es das Einzige ist, was Sie im Moment realisieren können, an Ihrem Fitnesstraining, ihren Aerobicstunden oder Tennisspielen festhalten, um überhaupt körperlich fit zu bleiben. Das ist vermutlich viel besser, als überhaupt kein Training zu betreiben.

Wenn Sie aber die Möglichkeit haben, sich von diesen Strukturen zu befreien, dann können Sie üben, auf Ihren Instinkt zu hören. Fragen Sie Ihren Körper, wenn Sie an Morgengymnastik gewöhnt sind, wie er sich an diesem Morgen bewegen möchte. Er wird es Ihnen nicht in Worten sagen, sondern in Impulsen oder in einer Art körperlicher Sehnsucht. Zum Beispiel dem Verlangen, sich zu strecken und zu dehnen oder sich hinzulegen und auf dem Boden herumzurollen. Oder es taucht die Idee in Ihrem Kopf auf, Musik aufzulegen und zu tanzen. Oder die Sehnsucht nach einem Waldlauf oder einem Spaziergang an der frischen Luft. Wenn Sie diesen Impulsen folgen und auf diese Weise Ihr Fitnesstraining von Ihrem Körper bestimmen lassen und nicht von Ihrem Kopf, treten Sie in einen Zustand von Fitness ein, der umfassender ist als der, der durch kopfgesteuerte Programme entsteht – es sei denn, diese Programme sind sehr vielseitig und abwechslungsreich und beziehen viele unterschiedliche Bewegungsarten mit ein.

Achten Sie auch während Ihres Alltagsablaufs auf spontane Bewegungsimpulse. Wie sehr sehnt sich der Körper nach langem Sitzen auf einem Stuhl danach, gestreckt und gedehnt zu werden! Wenn Sie Fußwege zurücklegen, üben Sie einmal, so zu gehen, wie Ihr Körper gern gehen möchte. Vielleicht macht es ihm Freude, wenn Sie mehr mit den Armen schlenkern oder fester auftreten. Vielleicht möchte er ein wenig hüpfen oder laufen. Vielleicht sehnt sich Ihr Körper danach, dass Sie während Ihrer Büroarbeit ab und zu tief durchatmen und die Schultern lockern; oder Ihre Augen entspannen (durch Blinzeln und Augenkreisen etwa).

Und was ist im Krankheitsfall? Wie kann unsere Intuition uns helfen, wieder gesund zu werden? Ich werde Ihnen das anhand eines persönlichen Erlebnisses erklären. Ich war einmal sehr krank. Alle Symptome, die auftauchten, waren von einer Art, die mir große Angst machte. Zu dieser Zeit war ich nicht versichert, hatte kein Geld und war allein. Ich konnte keine ärztliche Hilfe in Anspruch nehmen und keine Medikamente kaufen. Ich hatte Angst. Da sagte ich zu mir: »Mein Körper ist Teil von mir. Meine Leber ist auch ›ich‹. Was in meinem Körper vorgeht, geht in mir vor. Wieso sollte es innerhalb meiner selbst etwas geben, das mir unverständlich sein und Angst machen muss? Ich muss es doch nur kennen lernen.« Alles, was ich zu meiner Gesundung unternahm, war, im Bett zu liegen und mit meiner ganzen Aufmerksamkeit in das Organ hineinzugehen, das jeweils gerade litt, oder den Körperzustand bewusst zu erleben, der sich manifestierte. Meine einzige Medizin war Zuwendung. Ich wandte mich dem zu, was gerade nach Zuwendung schrie. Und als ich mich ihm zuwandte, vertraute es mir an, woran es litt und was es von mir brauchte. Auf diese Weise wurde ich wieder gesund.

Wenn Sie krank sind, gibt es einen Grund dafür. Etwas im Innern kennt diesen Grund. Wieso sollte er Ihnen verborgen bleiben? Horchen Sie in sich hinein. Achten Sie auf Ihre innere Stimme. Das Wissen um den Grund Ihres Krankseins ist die ganze Zeit in Ihnen vorhanden gewesen; vielleicht beinhaltet es etwas, was Sie nicht wissen wollten. Wenn Sie beim besten Willen nicht wissen, was mit Ihnen los ist, dann probieren Sie meine Methode: Wenden Sie sich zu. Wenden Sie sich Ihren Bronchien zu, wenn Sie Husten haben; erleben Sie bewusst und absichtlich den Hustenreiz mit aller Aufmerksamkeit. Wenn Sie das tun, merken Sie, welches psychische Leid sich da manifestiert. Kümmern Sie sich darum mit aller Liebe und Aufmerksamkeit, deren Sie fähig sind (siehe Kapitel »Intuition und Emotionen«), so wird der Körper entlastet und kann gesunden.

Aber Gesundsein ist mehr als die Abwesenheit von Symptomen. Wir sind gesund, wenn wir so lebendig sind, wie wir sein können. Was fehlt uns zur vollständigen Lebendigkeit? Das ist es, worum wir uns kümmern müssen, wenn wir wirklich gesund sein wollen. Fragen wir unser inneres Selbst, was uns daran hindert, vollständig lebendig zu sein, und welche Bereiche unseres Lebens oder unserer selbst wir wieder aktivieren oder ausfüllen müssen, um lebendiger zu werden! Wenn wir es wirklich wissen wollen, wird es uns antworten.

INTUITION UND GELD

Ich hoffe, dass Sie mir … zustimmen werden, dass Gelderwerb kein ernsthaftes Geschäft ist – es ist ein Spiel. Zunächst scheint es, dass Sie dieses Spiel mit Kräften spielen, die sich außerhalb Ihrer selbst befinden – sozusagen die Marktwirtschaft –, gehen Sie jedoch einen Schritt weiter, entdecken Sie, dass es tatsächlich ein Spiel ist, das Sie mit sich selbst spielen.

AUS: STUART WILDE, GELD: FLIESSENDE ENERGIE

Dies ist ein Kapitel für Menschen, die finanzielle Probleme haben und mithilfe ihrer Intuition ihre Lage verstehen und ändern möchten. Beim Zustandekommen dieses Textes ist viel intuitives Wissen mit eingeflossen.

Geld ist ein Ausdrucksmittel von Energie. Wenn Sie verstehen möchten, warum Ihre finanzielle Situation so beschaffen ist, wie Sie es ist, müssen Sie sich anschauen, wie Sie mit Ihrer Energie umgehen. Fragen Sie sich:

- Wohin fließt die meiste Energie in meinem Leben?
- Wie zerstreue ich meine Energie (anstatt sie zu bündeln und auf ein Ziel zu richten)?
- Wie blockiere ich meine Energie (indem ich mich von meiner Angst daran hindern lasse zu handeln)?
- Welche Art Energie empfange ich von anderen (liebende, nährende, aufbauende oder verunsichernde, herunterziehende, destruktive Energie)?
- In welchem Maße bin ich in der Lage, mich der Energie zu öffnen, die ich von meiner Umwelt empfange (oder in welchem Maße blockiere ich den Empfang durch Schuldgefühle oder die Überzeugung, nichts annehmen zu dürfen)?

Untersuchen Sie diese Themen, indem Sie Ihre Verhaltensweisen rückwirkend beobachten und analysieren. Werten Sie die Ergebnisse aus, indem Sie sie mit Ihrer finanziellen Situation vergleichen. Höchstwahrscheinlich ist Ihre finanzielle Situation eine genaue Abbildung Ihres Energiebildes.

Wischen Sie dann diese Überlegungen fort und lassen Sie Ihren Geist leer werden. Stellen Sie sich darauf ein, ein intuitives Bild Ihrer Geld-/Energie-Situation zu erhalten. Vielleicht taucht ein visueller Eindruck in Ihrem Bewusstsein auf, vielleicht ein Gedanke, der die Situation erhellt. Vielleicht taucht auch zunächst gar nichts auf; dann achten Sie auf Ihre Träume und Eingebungen während der folgenden Tage.

Haben Sie auf diese Weise sowohl auf rationalem als auch auf intuitivem Wege einen Gesamteindruck Ihrer finanziellen Situation und ihrer energetischen Entsprechung erhalten, dann können Sie beginnen, wiederum zweigleisig – rational und intuitiv – herauszufinden, was Sie ändern müssen, damit Ihre finanzielle Situation sich ändert.

Denken Sie zunächst auf konventionelle Weise darüber nach. Wenn Ihr Energieprofil beispielsweise ergeben hat, dass ein Großteil Ihrer Energie in Ihre privaten Beziehungen fließt oder dass Sie einen Großteil zerstreuen, indem Sie stundenlang telefonieren, in Zeitschriften blättern oder ziellos hin und her laufen; dass Sie Ihre Energie blockieren, indem Sie aus allerlei Ängsten heraus darauf verzichten, gewinnbringend zu handeln und dementsprechend nur über so viel Geld verfügen, dass Sie gerade eben über die Runden kommen, dann fragen Sie sich zunächst, wie Sie das auf realistische Weise ändern können. Machen Sie einen Plan. Probieren Sie einige Tage lang aus, ob Sie den Plan problemlos durchhalten können. Wenn Sie feststellen, dass Ihnen das unmöglich ist, oder wenn Sie nach einer Weile wieder ins alte Schema zurückfallen, dann untersuchen Sie die Situation auf tiefer gehende Weise mithilfe Ihrer Intuition.

Betrachten Sie, wie Sie Ihre Energie zerstreuen. Fragen Sie sich, warum Sie das tun. Verzichten Sie aber darauf, diese Frage zu beantworten. Lassen Sie sie nur auf sich wirken. Sitzen Sie einfach still und nehmen Sie Ihren Atem wahr. Beobachten Sie, was diese Frage in Ihrem Geist bewirkt. Beobachten Sie die Antworten, die auftauchen. Kontemplieren Sie auf diese Weise die Frage, warum Sie so viel Energie in Ihre privaten Beziehungen oder in was auch immer investieren, immer tiefer. Wenn neue Fragen in Ihnen auftauchen, stellen Sie diese neuen Fragen, ohne sie zu beantworten. Lassen Sie sie einfach in Ihrem inneren Raum stehen und beobachten Sie, ob sie Antworten hervorrufen.

Seien Sie offen für Eingebungen, die Ihnen Ihr unproduktives Verhalten erklären. Fragen Sie sich schließlich, warum Sie darauf verzichten, Ihre Karriere oder Ihren Wohlstand zu fördern. Wovor haben Sie Angst? Was ist das Schlimme, das passieren würde, wenn Sie Karriere machen oder wohlhabend werden würden? Verfahren Sie mit diesen Fragen genauso wie mit den vorherigen. Werden Sie still und öffnen Sie sich den Eindrücken, Bildern, Gedanken, Eingebungen, die auftauchen.

Betrachten Sie schließlich Ihre gesamte Art, mit Energie, Zeit und Geld umzugehen. Betrachten Sie es als ein Bild, ein Thema. Richten Sie einfach Ihre Aufmerksamkeit auf dieses Thema, während Sie still sitzen und Ihren Atem wahrnehmen, und fragen Sie sich: »Was muss geschehen, damit diese Situation sich ändert?« Bleiben Sie offen, still und gesammelt, spüren Sie Ihren Atem und beobachten Sie, welche Bilder, Eindrücke, Gedanken, Eingebungen in Ihrem Bewusstsein auftauchen.

Um die negativen Gefühle, die Ihren Verhaltensweisen zugrunde liegen und die bei dieser Betrachtung mit großer Wahrscheinlichkeit auftauchen werden, müssen Sie sich natürlich kümmern, damit die Situation sich zum

Besseren wenden kann. Wenn Sie also beispielsweise herausgefunden haben, welche Angst es ist, die Sie daran hindert, Ihren Platz auf der Karriereleiter anzustreben, dann müssen Sie dieser Angst einmal Extrazeit widmen, in der Sie sich ihr mit ausschließlicher Aufmerksamkeit zuwenden. Stellen Sie sich die befürchtete Situation vor – das Schlimme, wovor Sie Angst haben – und schauen Sie dann, wie Ihr Körper auf diese Vorstellung reagiert: Wo verspannt er sich? Wo tut etwas weh? Wo wird es eng? Wo zieht sich etwas zusammen? Vielleicht wird der Hals eng, oder Sie fühlen einen Knoten im Solarplexus, oder die Schultern ziehen sich hoch, oder die Nieren schmerzen plötzlich. Wo immer der Körper reagiert, konzentrieren Sie Ihre Aufmerksamkeit und Ihren Atem. Gehen Sie in die entsprechenden Zonen hinein und lernen Sie ihren Zustand von innen kennen. Bleiben Sie so lange dort, bis Sie die darin enthaltene Emotion fühlen können. Nehmen Sie Bilder, Gedanken, Assoziationen, Erkenntnisse, die dabei auftauchen, zur Kenntnis, aber folgen Sie ihnen nicht. Bleiben Sie präsent an der Stelle, wo die Emotion im Körper sitzt. Nehmen Sie die Emotion in Ihr Herz auf, indem Sie ihr Verständnis, Mitgefühl, Erbarmen, Anerkennung, Achtung entgegenbringen.

Fragen Sie sich schließlich, was Sie für den Teil Ihrer selbst, der dieses Gefühl erleidet, im täglichen Leben tun können. Öffnen Sie sich für eine Antwort, die aus Ihrer Intuition, Ihrem unmittelbaren inneren Wissen, kommt.

So können Sie nach und nach die innere Basis Ihrer finanziellen Situation in einer grundlegenden Weise verändern, die die entsprechenden Veränderungen an der Oberfläche der materiellen Realität mit sich bringen wird.

Im Übrigen gilt natürlich für den Bereich Finanzen dasselbe, was in den allgemeinen Kapiteln über Intuitionstraining geschildert wird. Wenn Sie Ihre Intuition nutzen möchten, um zu den bestmöglichen für Sie erreichbaren Geldquellen geführt zu werden, dann können Sie sie genauso trainieren wie dort beschrieben. Es ist keine besondere Intuition, die Sie für Geld brauchen; es ist immer ein und dieselbe Intuition, und die Grundprinzipien, die für den Umgang mit dieser Quelle inneren Wissens gelten, sind immer dieselben.

Allerdings kann nur derjenige diese innere Quelle auch gezielt und absichtlich zur Verbesserung seiner Finanzen oder überhaupt zum Erwerb von Geld nutzen, dessen Bewusstsein und Unterbewusstsein frei sind von Überzeugungen und Einflüssen, die das vereiteln. Wenn Sie der Meinung sind, dass Intuition, dieses Wissen aus höchster und heiligster Quelle, nicht für solch profane und unheilige Angelegenheiten wie Geld genutzt oder gar missbraucht werden dürfe, dann verzichten Sie besser auf Versuche in dieser Richtung. Wenn Sie allerdings selber schon wissen, dass solche Überzeugungen einschränkend und hinderlich sind und nicht der Wahrheit entsprechen, dann können Sie ihnen vielleicht auf den Grund gehen und die Wahrheit finden. Als Erstes müssen Sie dann herausfinden, warum Sie so denken, wie Sie denken. Wer hat Ihnen das beigebracht? Welches Grundgefühl steckt dahinter? Wie fühlt es sich an? Kann Ihr Herz es verstehen? Und dann meditieren Sie auf die Wahrheit. Betrachten Sie das Thema, wie Sie ein Bild betrachten würden, das vor Ihnen steht, lassen Sie Ihren Geist still werden, nehmen Sie Ihren Atem wahr und bitten Sie darum, dass die Wahrheit zu diesem Thema sich enthüllt. Stellen Sie Ihre Frage(n), ohne sie zu beantworten; sitzen Sie einfach still und öffnen Sie sich den Eingebungen, die da kommen mögen.

Wenn keine Antworten, keine Erkenntnisse oder Ahnungen auftauchen, schließen Sie nach einer Ihnen angemessen erscheinenden Weile Ihre Meditation ab, halten Sie die Frage(n) weiter in Ihrem Geist wach, ohne sie zu beantworten, und stellen Sie sich darauf ein, dass die Antwort sich Ihnen entweder auf einmal oder nach und nach schrittweise – so, wie Sie es verstehen, verkraften und gebrauchen können – offenbaren wird.

Der folgende Text ist intuitives Wissen, das spontan zum Abschluss dieses Kapitels aufgetaucht ist.

Man muss auch wissen, zu welcher Geldfamilie man gehört. Es gibt verschiedene »Geldfamilien« auf diesem Planeten, das heißt Gruppen von Menschen, die verwandt sind in Bezug auf ihre Art, mit Geld umzugehen. Da gibt es beispielsweise die Familie der Sparer, die für die Zukunft leben, die sich feste Ziele setzen, die sie zu einem bestimmten Zeitpunkt erreichen wollen, und dann diszipliniert und konsequent auf ihr Ziel hinsparen – und es auch erreichen. Es gibt allerdings auch die Familie der erfolglosen Sparer, die sparen und verzichten und sich alles mögliche Schöne versagen, um einer besseren Zukunft willen, die sie allerdings nie erreichen. Es gibt die Geldmagneten, die anscheinend nur den kleinen Finger zu rühren brauchen, damit große Ströme von Geld zu ihnen fließen. Es gibt die Menschen, für die Geld kein Thema ist, weil sie von Haus aus in selbstverständlicher Weise darüber verfügen (indem sie entweder ein Vermögen geerbt haben oder die Fähigkeit geerbt haben, schnell ein Vermögen aufzubauen und es auch zu halten). Es gibt die Horter, die Knausrigen, die Geizhälse, die ihr Geld ängstlich festhalten, die zwar reich sind, aber sich trotzdem nichts Gutes gönnen, weil das Gute ja Geld kostet. Es gibt die Menschen, die viel Geld einnehmen und viel Geld ausgeben und immer gut leben, ohne ein Problem mit Geld zu haben, auch wenn sie nicht über Vermögen verfügen. Es gibt die Menschen, die viel Geld einnehmen und noch mehr Geld ausgeben, sodass sie ständig Schulden haben. Es gibt die Menschen, die wenig Geld einnehmen und etwas zu viel Geld ausgeben, sodass sie ebenfalls ständig Schulden haben, wenn auch auf einem niedrigeren Niveau. Und schließlich gibt es die Menschen, die sehr wenig Geld verdienen und sehr wenig Geld ausgeben, woran sich auch nie etwas ändert, weil sie daran gewöhnt sind. Und es gibt diejenigen, die schnell große Vermögen ansammeln und ebenso schnell wieder verlieren. Es gibt Menschen, die mit Geld spielen, und Menschen, die Geld ernst nehmen.

All diese Arten, mit Geld umzugehen, sind natürlich ebenso viele Arten, mit dem Leben, mit der Energie des Lebens umzugehen. Man muss wissen, zu welcher Geldfamilie man gehört. Mit sehr großer Wahrscheinlichkeit wird der normale Mensch nämlich Zeit seines derzeitigen Erdenlebens in dieser Familie bleiben. Man verschafft sich eine bessere Ausgangsposition, wenn man seine Familie akzeptiert, wenn man ihre Stärken und Schwächen annimmt, weil man dann mit diesen Stärken und Schwächen geschickter umgehen kann. Man kann sich sehr wohl innerhalb der ererbten Familiennatur emporentwickeln und seine finanzielle Lage, manchmal sogar drastisch, verbessern – vorausgesetzt, man nimmt das Erbe an, anstatt sich zeitlebens dagegen zu wehren und in diesem Kampf Energie zu vergeuden.

Wenn Sie beispielsweise ein Mensch sind, der großzügig Geld einnimmt und noch großzügiger Geld ausgibt, dann ist die Wahrscheinlichkeit, dass Sie in die Familie der Sparer oder der Horter übertreten, sehr gering. Es ist ziemlich sinnlos, dafür zu kämpfen. Sie werden das vielleicht schon festgestellt haben. Hingegen können Sie Vorteil daraus ziehen, Ihre Natur akzeptiert zu haben; mehr noch, die Qualitäten, die darin stecken, bejaht zu haben, und dann vielleicht noch ein wenig großzügiger in Ihrem Einsatz für die Welt (Ihrer Arbeit, Ihrem Engagement) und der Entgegennahme Ihres Lohns zu sein, sodass Sie weiterhin großzügig Geld für die Dinge, die Sie lieben, ausgeben können oder Geld verschenken (wenn das Ihre Angewohnheit ist), ohne jedoch deswegen in finanzielle Schwierigkeiten zu kommen.

Intuition, innere Führung und Moral

Wenn Ihre Einsicht Ihnen verspricht, dass sie Sie stärker mit der unsichtbaren Ordnung in Einklang bringen wird, dann ist es gut möglich, dass diese Stimme der Prüfung durch den schärfsten Kritiker standhält.

AUS: CAROL ORSBORN, ALLES KLAR BEI SONNENUNTERGANG

Der nachfolgende Text ist die Fortführung eines Gesprächs, das ich anlässlich meiner Arbeit am vorliegenden Buch mit meiner Freundin Elke führte, die ähnlich wie ich ein »Kanal« für intuitives Wissen – das Wissen des höheren Selbst – ist. Wir hatten uns Gedanken darüber gemacht, ob nicht unsere Intuition, die eine völlig wertneutrale Fähigkeit ist, und unsere innere Führung, die man unserem göttlichen Wesenskern zuschreibt und von der man vermutet, dass sie uns niemals zu unmoralischen Taten anstiften würde, zwei verschiedene Instanzen seien. Nachdem wir eine Weile darüber diskutiert hatten, beschlossen wir, eine höhere Ebene einzubeziehen, die Ebene des inneren Wissens, für die ich als Kanal fungieren sollte, während meine Freundin die Fragen stellte, die wir herausgearbeitet hatten. Ich erhoffte mir von diesem Dialog eine wichtige Ergänzung für den allgemeinen Teil dieses Buches und wurde nicht enttäuscht, denn auf Elkes beharrliches Fragen hin tauchte eine Information über die verschiedenen Arten von Intuition auf, die für das Verständnis der inneren Führung entscheidend ist.

Frage: Würde mir meine innere Stimme in einem Fall, in dem ich vorhätte, etwas Unrechtmäßiges zu tun, nicht eher davon abraten?

Deine innere Stimme würde dir niemals raten, etwas zu tun, mit dem du anderen oder dir selbst Schaden zufügen würdest.

Ich wähle ein Beispiel: Nehmen wir an, ich begehre einen verheirateten Mann. Was würde die innere Stimme dazu sagen?

Die innere Stimme ist die Stimme der Wahrheit. Sie kommt von einer höheren Ebene. Auf dieser Ebene sehen Recht und Unrecht anders aus als auf der Ebene, die du von der persönlichen Perspektive aus wahrnimmst. Aus der persönlichen Perspektive nimmst du wahr: Hier bin ich, dort ist dieser Mann, dort ist diese Frau, die beiden sind miteinander verheiratet, ich begehre ihn. Wenn du auf eine höhere Ebene gehst – dorthin, wo die innere Stimme herkommt, oder auch nur in die Nähe dieser Ebene –, dann siehst du ganz andere Dinge. Dann siehst du zum Beispiel nicht drei verschiedene Personen, sondern du siehst so etwas Ähnliches wie ein Energiebild oder eine Energiebewegung; du siehst eine Strömung, du siehst, wo die Strömung herkommt und wo sie hingehen will. Das ist alles. Da gibt es keine Moral. Und aus dieser Ebene kommt die innere Stimme. Das heißt: Sie zeigt immer den optimalen Weg. Und das ist zugleich, wenn es deine innere Stimme ist, der optimale Weg für dich selber und für alle Beteiligten. Das hat mit Moral nichts zu tun.

Du weißt nicht, ob, wenn du diesen Mann verführst oder sogar von seiner Frau wegholst, das zum Schaden oder zum Nutzen aller Beteiligten ist. Aus der persönlichen Perspektive heraus kannst du das nicht beurteilen. Die einzige Instanz, die dir das sagen kann, ist deine innere Stimme. Aber, großes Aber: In solchen Fällen, wo starkes Verlangen, starker Wunsch, starkes Begehren eine Rolle spielen, sind eure Ohren nicht neutral. Ihr werdet möglicherweise die Botschaften eurer inneren Stimme durch einen Filter hören und dann nicht mehr genau das vernehmen, was ursprünglich gemeint war. Das heißt, du musst auch in solchen Situationen bereit sein, dich von deinen

Wünschen frei zu machen, um die wahre innere Stimme zu hören. Sie kann für oder gegen den Wunsch sein. Du kannst sie nur hören, wenn du offen bist für Wahrheit, das heißt, wenn du nicht besessen bist von deinem Wunsch.

Wieso muss man sich frei machen von seinem Wunsch?

Damit ist nicht gemeint, dass du den Wunsch unterdrücken oder auslöschen sollst. Selbstverständlich darfst du ihn behalten – das geht auch gar nicht anders, denn Wünsche lassen sich nicht so leicht auflösen –, aber du musst in der Lage sein, ihn zur Seite zu stellen, um für die Wahrheit deiner inneren Stimme offen zu sein.

Man muss zwei Arten von Wünschen unterscheiden: echte Wünsche und unechte Wünsche. Echte Wünsche sind Wünsche, die ganz rein und klar aus dem Herzen oder aus der Seele kommen, jedenfalls ganz tief aus der Wesensmitte, und mit denen man eins ist. Unechte Wünsche sind Wünsche, die aufgrund von Projektionen entstehen. Kommen wir auf euer Beispiel zurück: Man wünscht sich unbedingt eine Liebesbeziehung mit einem bestimmten Menschen und ist von dem Wunsch so besessen, dass man nicht mehr offen ist für das, was die innere Stimme einem sagt. Wenn man diesen Wunsch genau untersuchen würde, würde man vielleicht herausfinden, dass man in Wahrheit gar nicht diesen Menschen unbedingt haben will, sondern dass man in diesem Menschen verschiedene Gegebenheiten und Eigenschaften verkörpert sieht oder sich vorstellt, die man für wünschenswert hält. Es hat vielleicht von Anfang an einige Hinweise der inneren Stimme gegeben, an denen man erkannt hat, dass das nicht die ganz große Liebe ist und dass da alles Mögliche nicht stimmt, aber man hat vorgezogen, nicht auf diese Zeichen zu achten, weil man unbedingt eine Beziehung wollte oder weil man sich nach Trost oder nach Sex gesehnt hat oder was auch immer. In dem Fall müsste man einen großen Schritt zurücktreten und herausfinden, was man sich eigentlich wünscht. In dem eben genannten Beispiel wünscht man sich eigentlich vor allem eine Beziehung oder Trost oder Sex; vielleicht wünscht man sich eine Freundschaft; vielleicht wünscht man sich eine Beziehung zu jemandem, der groß und stark ist, damit man sich beschützt fühlt. Das sind die tieferen Wünsche, die etwas dichter an der Wahrheit des Herzens liegen. Wenn man das auf diese Weise auseinander genommen hat, sieht man klarer in Bezug auf das, was man eigentlich wünscht, und dann kann man das, was man eigentlich wünscht, in ein Gebet verwandeln, indem man sich zu diesem Wunsch bekennt. Dann kann man seine Besessenheit von dem Wunsch nach Beziehung mit der betreffenden Person loslassen und ist wieder frei für die Wahrheit der inneren Stimme. Natürlich kommt nicht jede Sehnsucht nach Beziehung mit einem bestimmten Menschen aus dieser Art von Projektion. Es gibt auch Fälle von Liebe, die wirklich den Betreffenden meint. Hier gilt sinngemäß das Gleiche: Wenn ihr diesem Wunsch bewusst einen Platz in eurem Herzen einräumt, euch zu ihm bekennt und ihn in ein Gebet verwandelt, dann seid ihr in der Lage, ihn loszulassen und zu hören, was die innere Stimme sagt.

Angenommen nun, ich höre aufgrund von großer Begierde nicht auf die innere Stimme und tue genau das Gegenteil von dem, was sie mir gesagt hat: Gibt es dann eine Möglichkeit, dass ich trotzdem weiterhin Kontakt zur inneren Stimme behalte?

Grundsätzlich kannst du in jedem gegebenen Augenblick zu deiner inneren Wahrheit, deiner inneren Stimme aufwachen – egal, wie viele falsche Schritte du vorher getan hast. Das innere Wissen ist immer verfügbar.
Deine Frage bezieht sich jedoch auf eine Situation, in der du sozusagen auf dem falschen Dampfer gelandet bist, weil du etwas getan hast, was gegen dein inneres Wissen war. Nun sitzt du

auf diesem Dampfer und fragst dich, ob es dort auch noch eine innere Führung gibt. Nein. Vorübergehend gibt es keine. Du müsstest erst im Geist zurückkehren zu dem Punkt, an dem du den Fehler gemacht hast, an dem du also entschieden hast, entgegen deiner inneren Stimme zu handeln; du müsstest klar erkennen, dass du anders gehandelt hast; und du müsstest den Wunsch in dir aktivieren, es zu korrigieren. Dann kannst du zu deiner inneren Stimme wieder Zugang bekommen. Das ist »Reue« und »Umkehr«.

Das heißt, du musst sehr klar die Erinnerung an den Moment in dir wachrufen, in dem du dir etwas vorgemacht hast, und dir das gründlich und neutral anschauen, ohne es im Nachhinein zu beschönigen, also sozusagen den Filter entfernen und sagen: »Aha, hier habe ich nicht im Einklang mit meinem inneren Wissen gehandelt, und ich möchte das gern korrigieren und mich an meine innere Stimme wieder anschließen. Ab jetzt bin ich wieder wach für sie und bitte um Führung, damit ich das korrigieren kann.«

All das ist nicht moralisch gemeint; von der höheren Ebene aus gesehen gibt es keine Moral, jedenfalls nicht in dem Sinne, wie ihr sie auf der persönlichen Ebene kennt. Moral hier auf der höheren Ebene ist eher die Frage, ob du im Einklang bist mit dir selbst oder nicht im Einklang mit dir selbst – eigentlich mit deiner inneren Wahrheit, mit deinem Herzen. Wenn du im Einklang bist mit deinem Herzen, bist du immer in der Moral im höheren Sinn.

Uns beschäftigt eine Frage: Ob nämlich die Intuition, die ja nichts weiter ist als unsere Fähigkeit, etwas unmittelbar zu wissen, und die innere Führung – die innere Stimme, die göttliche Führung sozusagen – nicht zwei verschiedene Instanzen sind. Die Intuition ist ja neutral. Das heißt, ein Gangster, ein Diktator, ein Heiliger und ein braver Normalmensch können allesamt dieselbe Fähigkeit mobilisieren, etwas intuitiv zu wissen. Intuition steht jedem zur Verfügung, egal, wie seine Moral ist. Von der inneren Führung aber, von der inneren Stimme, die uns den Weg weist, nehmen wir doch an, dass sie von der göttlichen Ebene unseres Wesens kommt, also aus einer überpersönlichen Schicht, die nicht nur das Wohl unserer eigenen Person, sondern das Wohl des Ganzen im Auge haben muss und somit von etwas beseelt ist, das wir Moral nennen würden. Frage also: Gibt es einen Unterschied zwischen Intuition und innerer Führung?

Es gibt keinen wirklichen Unterschied. Es ist alles das innere Wissen. Die Frage ist, welche Ebene dieses inneren Wissens du anzapfst. Man kann das mit einem Ozean vergleichen: Es gibt oberflächliche Ebenen, und es gibt tiefere Ebenen. Greifen wir das Beispiel auf, das eben schon verwendet wurde: Ihr verliebt euch in einen verheirateten Mann. Die Unterscheidung, die ursprünglich von euch getroffen wurde, war die: Einerseits gibt es inneres Wissen, also Intuition, die einfach eine Fähigkeit ist und die man in den Dienst von was auch immer stellen kann, also auch von Ehebruch. Und andererseits, wurde vermutet, gibt es eine innere Führung, die einer höheren und im Wesentlichen moralisch oder ethisch orientierten Instanz zuzuschreiben ist, und diese Instanz müsste ja dann möglicherweise sagen: »Lass die Finger davon.« Intuition und innere Führung müssten also zwei verschiedene Dinge sein.

Es ist nicht ganz so. Nimm an, du möchtest dich heute Abend mit dem besagten verheirateten Mann treffen. Deine Intuition kann dir helfen herauszufinden, ob dieser Abend dafür geeignet ist. Sie kann dir sagen, ob er allein ist, ob er dich auch treffen möchte, und so weiter. Das ist die Oberflächenebene des inneren Wissens. Sie bezieht sich auf oberflächliche Gegebenheiten – solche Dinge wie die Frage, ob es ein günstiger Zeitpunkt für das Treffen ist, ob seine Frau vielleicht verreist ist und so weiter. Das sind Oberflächenumstände. Dann gibt es natürlich tiefere Gegebenheiten. Und für diese tieferen Gege-

benheiten gibt es ebenfalls ein Potenzial an innerem Wissen. Es steht zur Verfügung, aber es muss aktiviert werden. Ansonsten schlummert es. Es bleibt ein Potenzial. Damit es sich manifestieren kann, das heißt, damit du weißt, was du weißt, musst du deine Aufmerksamkeit darauf richten, und es muss der Wunsch danach vorhanden sein. Das heißt, du müsstest dann den Wunsch in dir aktivieren, inneres Wissen zu erhalten in Bezug auf die zugrunde liegenden tieferen Gegebenheiten. Dann gibt es noch eine tiefere – mit »tief« ist hier gemeint »nach innen hin tief« – Etage und noch eine tiefere Etage. Und ganz in der Mitte bist du angekommen bei dem, was man das göttliche Wissen nennen könnte. Von diesem Ende aus kommt die spontan in eurem Bewusstsein auftauchende göttliche Führung, die euch sagt: Geh hierhin, geh nicht dorthin.

Aber es ist alles dasselbe: euer Potenzial an innerem oder unmittelbarem Wissen. Die Frage ist nur: Worauf richtet sich euer Interesse? Möchtet ihr wissen, ob die Ehefrau gerade verreist ist, oder möchtet ihr wissen, was es grundsätzlich mit dieser Beziehung auf sich hat? Das sind verschiedene Ebenen, auf die ihr euer Interesse richten könnt.

Das zweite, das tiefere Wissen wäre dann durch eine andere Art von Zugang möglich, also beispielsweise die Art von Zugang, die wir bei diesem Gespräch benutzen und den man »Kanalisieren« nennt (»Channeling«).

Ja, das ist eine Art. Meditation auch. Aber es hängt alles von deiner Einstellung ab, von deiner Ausrichtung. Worauf du aus bist im Leben oder in dieser Phase deines Lebens oder in dieser Angelegenheit. Je nachdem, worauf sich dein Interesse richtet, erreichst du oberflächlichere oder tiefere Ebenen deines inneren Wissens. Wenn du immer und grundsätzlich beispielsweise daran interessiert bist, die zugrunde liegende Wahrheit zu erfahren und dich an ihr zu orientieren, erreichst du immer eine sehr tiefe – tiefinnere – Ebene des »Ozeans des Wissens«.

Wenn dein Interesse auf kurzfristiges Vergnügen gerichtet ist und du deine Intuition dafür benutzt, dann aktivierst du die Oberfläche dieses Ozeans. Das ist nicht wertend gemeint, es ist technisch gemeint. Wenn dein Interesse darauf gerichtet ist, dass dein Vorhaben für viele Menschen förderlich ist, nicht nur für dich selber oder nicht nur für dich und deinen Geliebten (um das Beispiel wieder aufzugreifen), sondern auch für dessen Ehefrau und für alle, die daran beteiligt sind – oder für eine große Gruppe von Menschen oder für die Menschheit überhaupt oder den ganzen Planeten etc. –, dann erreichst du wiederum größere Tiefen dieses Ozeans (weil du sie beanspruchst).

Alles hängt davon ab, worauf dein Interesse gerichtet ist. Es geht alles nach Interesse und nach Wunsch in diesem Universum.

Was bedeutet es, dieses Potenzial zu aktivieren, sodass man Zugang dazu hat?

Auch das geschieht durch Wunsch und Interesse. Wünsche es dir und richte dein Interesse darauf. Und natürlich deine Aufmerksamkeit.

Teil III

Übungen, Wege, Spiele: Techniken für die Praxis des Intuitionstrainings

Einstieg in die Praxis: Ein Tagebuch anlegen

Das Übersinnliche kommt nicht voll ausgeformt oder ohne unsere Bemühungen zu uns. Es gedeiht durch unsere Beachtung sublimer Einzelheiten, einen verfeinerten inneren Fokus.

AUS: JUDITH ORLOFF, JENSEITS DER ANGST

Intuition ist eine Fähigkeit, die trainiert werden muss. Es ist wie mit den Muskeln. Wenn man sie nicht gebraucht, verkümmern sie. Wenn Sie den Zustand Ihrer Muskeln verbessern wollen, dann werden Sie zuerst einmal eine Idee davon haben, wozu Sie das wünschen. Ob Sie besser aussehen, gesünder sein, sich wohler fühlen, tätlichen Angriffen besser gewachsen sein oder in der Lage sein wollen, schwerere Arbeiten zu verrichten. Ferner haben Sie eine Vorstellung, wie das Ergebnis aussehen und sich anfühlen soll. Vielleicht haben Sie ein Vorbild, das Sie inspiriert. Dann machen Sie einen Plan, wie Sie das zweckdienliche Ergebnis erreichen können: Sie nehmen sich vor, ins Fitnessstudio zu gehen, zu joggen, Tennis zu spielen, zu Hause mit dem Rudergerät zu trainieren, Gewichte zu stemmen oder was auch immer, und Sie legen auch fest, wie viele Stunden pro Woche Sie dafür investieren möchten beziehungsweise investieren müssen, um Ihr Ziel zu erreichen.

Ähnlich ist es mit jeder Fähigkeit, die wir verbessern wollen. Wir brauchen eine Idee, wofür wir sie verwenden wollen, also einen Zweck (andernfalls fehlt uns die Motivation, um konsequent zu üben); wir brauchen eine Vision des Trainingsergebnisses, die uns inspiriert und anspornt, und wir brauchen einen realistischen Trainingsplan.

An dieser Stelle können Sie ein großes Blatt Papier und

einen Stift zur Hand nehmen und sich Notizen zu folgenden Fragen machen:

- Warum und zu welchem Zweck möchte ich meine Intuition verbessern?
- Wie stelle ich mir mein Leben und mein Lebensgefühl vor, wenn ich intuitiver geworden bin und stets meiner inneren Stimme gehorche? (Schildern Sie Ihre Vision möglichst ausführlich.)
- Wie viel Extrazeit kann ich/möchte ich neben dem Üben im Alltagsleben für mein Trainingsprogramm investieren? (zum Beispiel: eine Stunde täglich, einen Tag pro Woche/pro Monat; vierzehn Tage am Stück; ein Wochenende pro Monat; zweimal eine halbe Stunde am Tag; etc.)
- Welche der folgenden Aktivitäten (vielleicht fallen Ihnen analoge Ergänzungen ein) sind mir zum Üben am sympathischsten?
  a) Tanzen und Körperübungen
  b) Singen
  c) Malen
  d) Schreiben
  e) Spielen
  f) Spazierengehen

Nehmen Sie dann ein weiteres Blatt Papier und formulieren Sie einen Beschluss, mit dem Sie Ihre Absicht verkünden. Sinngemäß: »Ab heute werde ich meiner Intuition folgen.« – »Ab heute gehorche ich meiner inneren Stimme.« – »Ab heute beginnt mein Trainingsprogramm ›Intuition‹.« Formulieren Sie es auf Ihre Art und versehen Sie es mit Datum und Unterschrift. Sich selber und dem Universum Ihre Absicht zu erklären gibt Ihnen einen Schub Energie für Ihr Vorhaben.

Schaffen Sie sich ein Tagebuch an. Nehmen Sie ein Heft, eine Kladde, einen Block oder ein Album. Es sollte so beschaffen sein, dass es Ihnen Spaß macht, etwas hineinzuschreiben.

Führen Sie Tagebuch über Ihr »Trainingsprogramm Intuition«. Notieren Sie darin täglich

- Ereignisse, bei denen Sie Ihrer inneren Stimme gefolgt sind;
- Geschehnisse, bei denen Ihre innere Stimme sich, wie Sie im Nachhinein festgestellt haben, zu Wort gemeldet hat, Sie ihr aber nicht gefolgt sind. Bitte den Grund dazu notieren, warum Sie ihr nicht gefolgt sind.
- Fügungen und Wunder;
- Übungen, die zu Ihrem Trainingsprogramm gehören (Stichworte zu Verlauf oder Ergebnis der Übung);
- und natürlich alles, was Sie gern notieren wollen oder was Ihnen bedeutsam erscheint.

Das Führen eines Tagebuchs zum Trainingsprogramm Intuition hilft, Ihre Aufmerksamkeit im täglichen Leben auf Intuition zu richten.

Wenn Sie dieses Buch zu Ende gelesen haben werden, können Sie sich daraus – oder aus dem, wozu es Sie angeregt hat – Ihr eigenes Trainingsprogramm zusammenstellen.

Intuitionstraining: Die Grundübungen

Bringen wir nur einmal den Mut auf, diesem unendlichen Kraftozean uns anzuvertrauen, jenem Unendlichen, das trotz unseres Sträubens, unseres hirnverbrannten Bockens darauf besteht, aus uns lebendige Wahrheiten statt Missgeburten zu machen, wird alles für uns getan, werden neue Wege sich eröffnen, ungeahnte Möglichkeiten: Alles für unser Glück Nötige muss kommen wie Licht und Wasser zur Pflanze.

AUS: PRENTICE MULFORD,
UNFUG DES LEBENS UND DES STERBENS

Die Grundübung heißt Vertrauen. Üben Sie Vertrauen, indem Sie so handeln, als ob Sie vertrauten, auch wenn Sie noch im Zweifel sind, ob Sie der Stimme, die sich in Ihrem Innern meldet, vertrauen können. Sie können es ja bei den kleinen Dingen des Alltags ausprobieren.

1. Üben mit den Elementen des Alltagslebens

Achten Sie auf Ihr Gefühl, bevor Sie eine Gaststätte betreten. Üben Sie, sich einmal nicht nach Ihren eingefleischten Vorlieben und Abneigungen zu orientieren, sondern nur nach dem ersten flüchtigen Eindruck, den Sie von dem Lokal erhaschen. Und zwar ganz gleich, ob es ein Lokal ist, das Sie kennen oder das Sie noch nicht kennen. Es kann durchaus vorkommen, dass es kein guter Tag ist, um Ihr Lieblingslokal zu besuchen. Vielleicht hat der Koch schlechte Laune, oder Sie geraten in unsympathische Gesellschaft.

Erklären Sie das morgendliche Ankleiden zu einem Übungfeld für Ihre Intuition. Manchmal sehe ich morgens, wenn ich aus dem Fenster schaue, blauen Himmel und schließe daraus, dass es warm ist. Wenn ich dann die

Wohnung verlasse, wird mein Blick auf eine bestimmte Art, die ich inzwischen als Intuition zu erkennen gelernt habe, von einer warmen Jacke angezogen. Mit Sicherheit werde ich frieren, wenn ich diesen Hinweis ignoriere und die warme Jacke nicht mitnehme. Eigentlich ist es unnötig, erst herauszufinden, wie das Wetter ist, ob es warm oder kalt ist, trocken oder nass; wenn ich die Sachen anziehe, zu denen ich mich hingezogen fühle, bin ich mit hundertprozentiger Sicherheit richtig angezogen. Ich bin sicher, das gilt für Sie genauso. Probieren Sie es aus.

Spielen Sie mit Ihrer Intuition. Achten Sie auf Ihr Gefühl, bevor Sie den Briefkasten öffnen. Fühlt er sich leer an oder voll? Enthält er wichtige Post? Erfreuliche Nachrichten? Unerfreuliche? Achten Sie auf Ihr Gefühl, wenn das Telefon klingelt. Wer ruft an? Suchen Sie kein Gefühl, wenn keins da ist – das würde bedeuten, dass Sie ins Nachdenken, in den rationalen oder assoziativen Modus, geraten –, sondern achten Sie darauf, ob eines vorhanden ist. Vielleicht eine Ahnung, wer gerade anruft. Vielleicht das Gefühl, Sie sollten besser nicht abheben. Wenn Sie ein Lokal betreten in der ungewissen Hoffnung, eine bestimmte Person dort anzutreffen, dann achten Sie auf Ihr Gefühl, bevor Sie eintreten: Fühlt das Lokal sich »leer« an in Bezug auf die Gegenwart der betreffenden Person? Fühlt es sich eher so an, als sei sie da?

Notieren Sie die Ergebnisse am Ende jedes Tages. Schauen Sie sich im Rückblick genau an – sozusagen in Zeitlupe –, wie es ist, wenn echte Intuition auftaucht. War es ein Gefühl? Ein Gedanke? Ein Bild? War es der erste Gedanke? War er im Vordergrund Ihres Bewusstseins? Im Hintergrund? War er formuliert?

Prägen Sie sich gut ein, woran Sie die Treffer von den Nieten unterscheiden können, und nehmen Sie sich am nächsten Morgen vor, auf das Auftauchen genau jenes

Gefühls oder genau jener Art von Gedanken oder Bildern zu achten, in denen Ihre Intuition sich äußert.

Wenn Sie dies Tag für Tag üben, wird Ihre Wahrnehmung immer klarer, vorausgesetzt, Sie bemerken die Eingebung nicht nur, sondern folgen ihr auch. Wenn Sie sie zwar wahrnehmen, aber ihr nicht folgen, verlieren Sie die Klarheit wieder. Klarheit stellt sich ein durch Erfolg und verstärkt sich mit jedem positiven Ergebnis.

2. *Allgemeines zur täglichen Praxis*

Was die tägliche Praxis betrifft, gibt es im Übrigen kein allgemein gültiges Rezept. Manchem Menschen würde ich sagen: »Übe, schnell und spontan zu handeln, schneller, als du denken kannst. Nur so kannst du die Hindernisse ausräumen, die deine Vernunft und ihr Auftraggeber, die Angst, deinem Kontakt zur inneren Stimme in den Weg legen.« (Denn wenn etwas, was wir für Vernunft halten, uns davon abhält, unserer inneren Stimme zu folgen, dann steckt im Allgemeinen eine unerkannte Angst dahinter.) Diesen Rat würde ich vielleicht Menschen geben, die sagen: »Ich weiß nicht, welche der vielen Stimmen in meinem Kopf die wahre ›innere Stimme‹ ist. Meistens schaltet sich mein Kopf gleich ein, und bin ich erst einmal ins Nachdenken geraten, dann weiß ich überhaupt nicht mehr, was ich tun soll und was meine innere Stimme sagt.«

Einem anderen würde ich raten: »Sei langsamer. Übe dich darin, innezuhalten, zu dir zu kommen und zu prüfen, was für ein Gefühl du hast, bevor du handelst.« Ich glaube, dies ist vor allem ratsam für impulsive Menschen, die sich und andere häufig in Schwierigkeiten bringen, weil sie schneller reagieren, als es gut für sie ist. Impulsiv sein heißt reagieren, während spontan sein agieren heißt: aus der Mitte heraus agieren, aus einem echten inneren Impuls und nicht als Antwort auf einen Reiz aus der Außenwelt.

Wieder einem anderen würde ich sagen: »Handle genau so, wie du immer handelst; verrenke dich nicht mit dem Versuch, etwas anders machen zu wollen als gewohnt – nur nimm dir täglich mindestens einmal Zeit, um im Rückblick zu betrachten, aufgrund welcher Art von Impuls du jeweils gehandelt hast. War es eine Reaktion auf etwas, was andere gesagt oder getan haben? Geschah es aus Angst? Aus Trägheit? Aus Nachgiebigkeit? Aus Hoffnung oder Gier? Aus einer Vorstellung, einer Überlegung, einer Erinnerung heraus? Oder aus einem spontanen, grundlos von innen auftauchenden Impuls heraus? Und wohin hat es dich gebracht? Filtere jene Momente heraus, in denen du deiner inneren Stimme gefolgt bist, und verleihe dir für jedes Mal, da du das getan hast, einen Orden. Aber bemühe dich nicht, das willentlich zu erreichen. Beobachte einfach.«

Im folgenden Abschnitt stelle ich zwei komplementäre Übungsprinzipien vor, die Bedachtsamkeits- und die Schnelligkeitsübung sowie die Kombination aus beiden. Wenn Sie beide üben, werden Sie feststellen, woran es hapert bei Ihnen – ob es Ihnen an Bedachtsamkeit fehlt oder an Spontaneität – und welche Seite Sie mehr trainieren müssen.

Zuvor möchte ich noch auf ein seltsames und, wie ich hoffe, seltenes Phänomen eingehen: das Falsch-gepolt-Sein. Falls Sie sich nämlich gerade in einer solchen Phase befinden, muss dieser Aspekt geklärt werden, bevor Sie sich ans Üben machen können.

Hilfe, ich bin falsch gepolt!

Manchmal gibt es Zeiten im Leben, in denen man sozusagen falsch gepolt zu sein scheint. Ich selber habe eine solche Phase erlebt. Ich tat automatisch immer das Falsche – das Gegenteil von dem, was richtig gewesen wäre. Was kann man da tun? Damals wusste ich noch nichts von der Arbeit mit Herz und Emotionen. Aus heutiger Perspektive würde ich sagen, dass es zunächst einmal das Wichtigste ist, die Gefühle von Verzweiflung, Verwirrung, Ärger, Frustration, Trauer, Unzulänglichkeit, Selbsthass oder Unzufriedenheit, die man aufgrund dieses Zustandes hat, bewusst zu durchleben. Manchmal geht es um nichts anderes als darum. In diesem Fall ist es nicht so, dass man »falsch gepolt« ist und deshalb verwirrt/unzufrieden/ärgerlich etc., sondern man ist verwirrt/unzufrieden/ärgerlich etc., und anstatt sich dieser Gefühle bewusst zu sein und sich darum zu kümmern, verdrängt man sie mehr oder weniger, und deshalb versuchen sie auf sich aufmerksam zu machen, indem sie einen zu »falschem Handeln« zwingen. Sie manifestieren sich auf diese Weise, um bemerkt zu werden. Alles, was sie brauchen, ist Beachtung, Verständnis und liebevolle Zuwendung.

In manchen Fällen mag unbewusster Protest dahinter stecken. Man protestiert gegen etwas, das einem am Leben nicht passt; gegen die Art, wie man mit sich selber umgeht, gegen das Leben überhaupt oder gegen einen dominanten Mitmenschen, unter dessen Fuchtel man steht. Hier muss dieser innere Protest gefühlt und gewürdigt werden. Der Teil, der protestiert, muss gehört, verstanden, angenommen werden, und man muss ihn fragen, was er braucht. Sobald er zufrieden ist, stellt er die Kriegführung des »falschen Handelns« ein, da er es nun nicht mehr nötig hat, Ihre Aufmerksamkeit auf sich zu ziehen.

In seltenen Fällen mag auch ein Glaubenssatz hinter dem Phänomen stecken, vielleicht einer, der aus der Kindheit stammt. Vielleicht sind Sie irgendwann in Ihrem Leben zu der Überzeugung gelangt: Ich mache alles falsch. Oder: Ich habe keine glückliche Hand oder Ähnliches.

Wenn Sie das ändern möchten, müssen Sie dem Gefühl, das diese Überzeugung in Ihnen hervorruft, einmal Ihre ganze Aufmerksamkeit schenken, indem Sie es aufspüren, fühlen, würdigen und ins Herz schließen. Danach können Sie (falls es dann noch nötig ist) die negative Überzeugung in Ihrem Bewusstsein löschen. Im Allgemeinen verliert sie schon dadurch ihre Macht, dass sie ihres Gefühlsinhalts entleert ist (was dadurch geschieht, dass Sie das Gefühl vollständig wahr- und annehmen). Manchmal aber kann man nachhelfen, indem man den Glaubenssatz ausdrücklich löscht. Machen Sie sich bewusst, dass der betreffende Gedanke nur ein Gedanke über die Realität und nicht die Realität selber ist; und dass Sie nun bereit sind, sich einer neuen Art, das Leben zu erfahren, zu öffnen. Ich plädiere nicht unbedingt dafür, den alten negativen Glaubenssatz durch einen neuen positiven zu ersetzen, da auch dieser die Realität manipuliert und somit einengt; manchmal jedoch tauchen solche positiven Formulierungen von selber auf, und dann kann es nützlich sein, eine Zeit lang mit ihnen zu arbeiten, indem man sie öfter wiederholt.

Manchmal lässt sich eine Überzeugung, auch wenn der Verstand begriffen hat, dass es nur eine Überzeugung und nicht die Realität ist, nicht ohne weiteres löschen, auch nicht, wenn die für die Löschung unbedingt erforderliche emotionale Klärung und »Herzensarbeit« (wie weiter oben geschildert) getan ist. Dann gibt es einen Grund, aus dem man an ihr festhält. Sie können diesen Grund herausfinden, indem Sie sich fragen: »Welchen Vorteil bringt es mir, an dieser negativen Überzeugung und ihren Folgen festzuhalten?« Um diesen Vorteil herauszufinden, braucht man sich nur vorzustellen, was geschieht, wenn die negative Überzeugung und mit ihr die negativen Folgeerscheinungen fortfallen, wenn die Hindernisse fortgeräumt sind und der Weg frei ist. Was macht diese Vorstellung mit Ihnen? Taucht irgendwo in Ihrem Körper Verspannung auf? Oder Schmerz? Gehen Sie hinein in diesen Schmerz, in diese Verspannung, und spüren Sie die Angst auf, die darin verborgen ist. Denn immer ist es Angst, die uns bewegt, an unseren negativen Verhaltensmustern festzuhalten. Die Angst vor dem, was geschieht, wenn wir, beispielsweise, plötzlich von Versagen auf Erfolg umschalten, von Mangel auf Reichtum etc. Fühlen Sie die Angst und öffnen Sie Ihr Herz für sie. Fragen Sie sie, was sie von Ihnen braucht.

Ist die Angst erst einmal versorgt und gewürdigt, gibt es keinen Grund mehr, an den alten negativen Überzeugungen festzuhalten. Sie entfallen von selbst.

3. *Die Bedachtsamkeitsübung, die Schnelligkeitsübung und die Kombination aus beiden*

In diesem Abschnitt möchte ich Sie mit zwei komplementären Übungen vertraut machen, die – wenn Sie sie beide ausführlich und konsequent nacheinander üben – Ihnen helfen, die notwendige Wachheit und Flexibilität zu mobilisieren, die Sie brauchen, um sich in Ihrem täglichen Leben von Ihrer inneren Stimme führen zu lassen.

Die Übung der Bedachtsamkeit

Hierfür können Sie einen ganz normalen Arbeitstag auswählen, aber auch einen freien Tag oder eine ganze Woche. Ich schlage vor, die Übung am Morgen eines Sonn- oder Feiertags zu beginnen. Die Übung besteht darin, bei jedem neuen Schritt, jedem Anfang einer Handlung, jedem Weg, den Sie gehen, jedem Gespräch, das Sie führen, zu Beginn einen Augenblick innezuhalten und sich zu fragen, wie Ihr Gefühl ist und was die innere Stimme sagt. Nehmen wir an, Sie beginnen die Übung an einem Sonntagmorgen. Bevor Sie aufstehen an diesem Morgen, besinnen Sie sich einen Augenblick und fragen Sie sich, was Sie als Erstes tun werden. Wenn Sie das Badezimmer verlassen, halten Sie wieder einen Augenblick inne. Was jetzt? Anziehen. Gehen Sie zum Kleiderschrank, öffnen Sie ihn und halten Sie wieder kurz inne. Was anziehen? Nehmen wir an, Sie sehen sich mit einem Kaffee-Croissant-Frühstück zu Hause auf dem Balkon. Ziehen Sie sich also das über, was Sie brauchen, um zum Bäcker zu gehen und das Hörnchen zu besorgen. Halten Sie wiederum kurz inne, bevor Sie die Bäckerei betreten, und sammeln Sie sich. Stimmt das mit dem Croissant immer noch? Fühlt es sich gut an? Lassen Sie sich nicht durch Außenreize von Ihrem Vorhaben ablenken. Kaufen Sie das Croissant – es sei denn, Ihre innere Stimme legt Ihnen etwas anderes nahe – und gehen Sie wieder nach Hause. Halten Sie einen Augenblick inne. Kaffee? Stimmt das noch? Was sagt Ihr Körper? Er sagt Ja. Setzen Sie Kaffeewasser auf. Stopp. Einmal durchatmen. Bereiten Sie die Kaffekanne oder -maschine vor. Halten Sie einen Augenblick inne.

Und so fort.

Wenn das Frühstück beendet ist, bleiben Sie noch einen Augenblick sitzen und fragen Sie sich, was Sie als Nächstes tun werden. Wenn verschiedene Möglichkeiten auftauchen, fragen Sie sich, welche sich gut anfühlt. Nun können Sie aufstehen.

Immer wenn Sie eine Handlung beendet haben, nehmen Sie sich eine kleine Pause, um festzustellen, wie Sie sich fühlen, was Sie als Nächstes tun werden und was Sie für ein Gefühl haben in Bezug auf das, was Sie als Nächstes tun werden. Üben Sie sich den ganzen Tag darin, den Fluss des Handelns immer wieder zu unterbrechen durch Besinnungspausen.

Wenn das Telefon klingelt, heben Sie nicht sofort ab,

sondern atmen Sie erst dreimal bewusst durch. Wenn der Anrufer von Ihnen eine Antwort oder eine Entscheidung haben möchte, antworten Sie nicht sofort, sondern sagen Sie: »Einen Augenblick, ich muss nachdenken.« Gehen Sie in sich, prüfen Sie, was Sie für ein Gefühl haben, bevor Sie antworten. Wenn das Gespräch beendet ist, nehmen Sie sich wiederum einen Moment Zeit, um sich zu sammeln und zu schauen, was Sie als Nächstes tun werden.

Üben Sie das den ganzen Tag, bei jedem Schritt, jeder Handlung, jedem Gespräch. Die Besinnungspausen sind dazu da, um sich zu sammeln und seine Aufmerksamkeit auf seine Intuition zu lenken, nicht (!), um nachzudenken. Um zu vermeiden, in diesen Pausen ins Nachdenken zu geraten, empfehle ich für diese kurzen Besinnungspausen folgendes Vorgehen:

- Fühlen Sie Ihren Atem.
- Spüren Sie Ihren Körper.
- Nehmen Sie wahr, wie Sie sich fühlen.

Wenn Sie Ihre Übung an einem arbeitsfreien Tag begonnen haben, zum Beispiel an einem Sonntag, können Sie dasselbe Prinzip dann in die Arbeitswoche hineinnehmen. Im Idealfall üben Sie das einige Tage lang konsequent, beispielsweise die ganze Woche hindurch, sodass Sie am darauf folgenden Sonntag zur nächsten Übung übergehen können.

Die Schnelligkeitsübung

Dies ist das Gegenteil der vorigen Übung. Ich schlage vor, auch diese Übung am Morgen eines freien Tages zu beginnen und auch sie während mehrerer Tage durchzuführen. Hier geht es darum, blitzschnell zu sein. Handeln Sie, ohne zu überlegen, sobald ein Impuls von innen auftaucht.

»Sei schnell und direkt.
Meine Stimme ist die Erste.
Lass sie
die Einzige sein«,

sagt das höhere Selbst in »Den Weg des Herzens gehen«. Wenn Sie merken sollten, dass Sie das Übungsprinzip seit einer Weile aus den Augen verloren haben, halten Sie sich nicht damit auf, sich bedauernd umzuschauen, sondern schalten Sie einfach Wachheit und erhöhte Geschwindigkeit sofort wieder ein. Bleiben Sie im Fluss des Handelns, auch wenn Sie einmal nichts tun, sondern sich ausruhen: Sobald der Impuls, wieder aktiv zu werden, von innen auftaucht, stehen Sie auf und werden wieder aktiv. Tun Sie alles sofort. Wenn Sie Durst auf Wasser verspüren, stehen Sie im selben Moment auf und besorgen sich Wasser. Wenn Sie merken, dass Sie denken: »Ich sollte eigentlich Isolde anrufen«, greifen Sie sofort zum Telefon und rufen Isolde an. Wenn Sie mitten in einer wichtigen Besprechung aufs Klo müssen, zögern Sie keine Sekunde, sondern entschuldigen Sie sich und gehen zur Toilette. Wenn beim Verlassen Ihrer Wohnung der Gedanke in Ihnen auftaucht: »Nimm den Mantel mit«, nehmen Sie sofort den Mantel vom Haken. Wenn Sie im Auto unterwegs sind und Sehnsucht nach einem Schokoriegel, einer Banane oder einem Brathähnchen in Ihnen auftaucht, halten Sie unverzüglich an, sobald Sie ein entsprechendes Geschäft erblicken, und kaufen Sie sich Ihren Schokoriegel, Ihre Banane oder Ihr Brathähnchen. Und geben Sie nicht auf. Wenn die Bananen im ersten Geschäft ausverkauft sind, begeben Sie sich unverzüglich ins nächste.

Wenn Sie auch dieses Prinzip mehrere Tage lang angewandt haben, können Sie zur dritten Übung übergehen, die eine Kombination aus beiden Prinzipien ist.

Schnelligkeit mit Bedacht: die Eile-mit-Weile-Übung

Nun bringen Sie Bedachtsamkeit und Schnelligkeit zusammen. Genau wie in der ersten, der Bedachtsamkeitsübung, legen Sie vor und nach jeder Handlung, jedem Weg, den Sie tun, jedem Gespräch, das Sie führen, und auch innerhalb des Gesprächs (bevor Sie auf ein Ansinnen oder eine Frage antworten) eine kleine Pause ein (wenn wenig Zeit dafür ist, reicht ein tiefer und sehr bewusster Atemzug). Spüren Sie Ihren Atem, Ihren Körper, sammeln Sie sich, nehmen Sie wahr, wie Sie sich fühlen in Bezug auf das, was vor Ihnen liegt oder von Ihnen verlangt wird. Mit anderen Worten: Wenden Sie sich Ihrer Intuition zu – und dann handeln Sie sofort. Sobald ein Impuls, ein Gefühl, ein Gedanke, eine Antwort, eine Ahnung auftaucht, folgen Sie ihr augenblicklich, ohne die geringste Verzögerung. Geben Sie der Möglichkeit, ins Nachdenken und damit in die Verwirrung zu geraten, keinen Raum.

Vor jedem neuen Schritt: Setzen Sie einen Puffer – wenden Sie sich ein bis drei Atemzüge lang nach innen – und dann folgen Sie augenblicklich Ihrem unmittelbaren Gefühl, Gedanken oder Eindruck.

Das ist »Eile mit Weile«, eine Übung nicht nur für die Zeit des Intuitionstrainings, sondern fürs Leben.

Nun sind Sie reif für eine Vertiefung, für den »Weg durch die Wüste der Wahrheit«.

4. Der Weg durch die Wüste der Wahrheit

Dies ist eine Übung für Menschen, die ernsthaft entschlossen sind, den Weg der inneren Stimme zu gehen. Sie erfordert, dass Sie sich für einen Zeitraum von ein oder zwei Wochen von sämtlichen Verpflichtungen frei machen können. (Was nicht heißen soll, dass Sie während dieser Zeit nicht arbeiten; aber Sie werden während dieser Übungszeit nur dann arbeiten, wenn die innere Stimme Ihnen sagt, dass es an der Zeit ist zu arbeiten.)

»Der Weg durch die Wüste der Wahrheit« bedeutet, für eine vorher genau festgesetzte Zeitspanne radikal zu üben, der Wahrheit des Augenblicks zu folgen. Diese Übung habe ich zusammen mit einer Gruppe von Übungspartnern vor Jahren auf medialem Weg vom höheren Selbst empfangen, und wir haben sie alle erfolgreich absolviert, einige sogar mehrere Male. Ich gebe sie hier so wieder, wie sie mir damals durchgegeben worden ist.

Beginnen Sie mit einem Eingangsritual und enden Sie mit einem Schlussritual. Das ist wichtig, da das Ritual Ihr Unterbewusstsein darauf einstimmt, dass etwas Besonderes beginnt, und Ihnen die Kraft und den Schwung gibt, die Übung auch durchzuhalten.

Sie können die Rituale natürlich auf Ihre eigene Weise gestalten. Dies ist die Art, wie wir es praktiziert haben.

Begeben Sie sich an Ihren Meditationsplatz oder an einen sonstigen ruhigen Platz, an dem Sie nicht gestört werden. Bestimmen Sie als Erstes die Zeitdauer, während derer Sie den »Weg durch die Wüste der Wahrheit« beschreiten wollen. Setzen Sie Tag und Uhrzeit der Beendigung und des Abschlussrituals fest.

Visualisieren Sie eine Landschaft und eine Straße, die auf ein Tor zuführt. Stellen Sie sich darauf ein, dass jenseits dieses Tores die »Wüste der Wahrheit« beginnt. »Wüste« deshalb, weil Sie in einer Wüste keinen äußeren Anhaltspunkt haben, an dem Sie sich orientieren können, sodass Sie gezwungen sind, Ihrer inneren Führung zu folgen.

Gehen Sie auf das Tor zu. Visualisieren Sie einen Wächter, der vor dem Tor steht. Erklären Sie diesem Wächter Ihre Absicht in klarer und eindeutiger Form. Sinngemäß: »Ich werde während ... Tagen ausschließlich und radikal meiner Eingebung folgen. Ich bin bereit, auf sämtliche Überlegungen, Überzeugungen und vorgefassten Vorstellungen zu verzichten, um mich auf meinem Weg durch die Wüste der Wahrheit an nichts anderem zu orientieren als an der jeweiligen Wahrheit des Augenblicks.« Werden Sie dann innerlich still und stellen Sie sich darauf ein, eine Antwort vom Wächter zu erhalten. Vielleicht ermuntert er Sie, Ihre Absicht klarer zu formulieren, oder er gibt Ihnen einen nützlichen Hinweis für Ihren Weg.

Sobald das Gespräch mit dem Wächter zufrieden stellend beendet ist, bitten Sie den Wächter, Sie mit dem Geist der Führung in Kontakt zu bringen.

Entledigen Sie sich dann im Geist aller Kleider und allen Schmucks, aller Gegenstände, die Sie auf dem Leibe tragen (einschließlich Brille oder Kontaktlinsen und Uhr). Lassen Sie sich in ein einfaches weißes Gewand hüllen. Dieser Kleiderwechsel zeigt an, dass Sie sich von allem lösen, was bisher war, und dann etwas Neues beginnt. Das Gewand symbolisiert die Schlichtheit und Reinheit der Wahrheit.

Treten Sie dann durch das Tor.

Hier endet die Visualisation, und Ihr »Weg durch die Wüste der Wahrheit« beginnt. Von diesem Augenblick an leben Sie ganz im Augenblick. Handeln Sie, wenn Ihre Eingebung Ihnen sagt zu handeln, und ruhen Sie, wenn Sie das Gefühl haben, ruhen zu wollen. Folgen Sie in allem Ihrem Gefühl für das, was im jeweiligen Augenblick stimmt. Wenn Sie sich unschlüssig sind, tun Sie nichts und werden Sie innerlich still. Entspannen Sie sich, bis sich wieder ein Impuls einstellt, etwas zu tun.

Es gibt keine Einschränkungen während dieser Übung, kein vorgegebenes Programm. Obwohl Sie sich Urlaub genommen haben, um die Übung durchführen zu können, müssen Sie nicht zwangsläufig das tun, was man in einem Urlaub zu tun pflegt. Sie können arbeiten oder faulenzen, Sport treiben oder Ihr Auto in die Werkstatt fahren, einkaufen oder essen gehen oder fasten, wandern, verreisen oder zu Hause bleiben – vorausgesetzt, dass Sie immer genau das tun, was Ihre Eingebung Ihnen im jeweiligen Augenblick diktiert.

Rekapitulieren Sie an jedem Abend alle Ereignisse des Tages. Prüfen Sie, wo Sie Ihrer inneren Stimme gefolgt sind und wo nicht. Es geht hier nicht darum, sich selber Noten oder Rügen zu erteilen; es geht darum herauszufinden, woran Sie die innere Stimme erkennen, und genau zu beobachten, wie die Sache mit der inneren Führung funktioniert. Es geht nicht um Leistung, es geht um Üben und Lernen.

Wenn die vorher festgelegte Zeit verstrichen ist, führen Sie das Abschlussritual durch, und zwar zu dem dafür zu Beginn der Übung festgesetzten Zeitpunkt.

Begeben Sie sich an einen ruhigen Platz. Schließen Sie die Augen. Visualisieren Sie die Wüste und das Tor, durch das Sie wieder in die normale Welt eintreten. Bevor Sie das Tor durchqueren, schauen Sie noch einmal zurück. Nehmen Sie sich Zeit, um die Ereignisse Revue passieren zu lassen und das, was Sie sich für die Zukunft merken wollen, in Ihrem Bewusstsein zu verankern.

Visualisieren Sie einen Wächter. (Es ist nicht derselbe wie der Wächter, den Sie auf der anderen Seite getroffen haben.) Berichten Sie ihm in wenigen, klaren Sätzen von Ihrem Abenteuer. Schalten Sie auf Empfang, um eine eventuelle Antwort wahrzunehmen. Vielleicht hat der Wächter etwas zu Ihrer Übung anzumerken. Bitten Sie den Wächter, Sie mit dem Geist der Führung in Kontakt zu bringen. Bitten Sie den Geist der Führung (falls Sie das wünschen), Sie auch weiterhin zu leiten. Fragen Sie ihn, ob Sie etwas tun können, um in Ihrem Alltagsleben seine Signale deutlicher wahrzunehmen.

Verabschieden Sie sich dann von der Wüste der Wahrheit. Nehmen Sie die in ihr gewonnenen Schätze bewusst mit, während Sie durch das Tor treten. Begrüßen Sie den Wächter der anderen Seite und tauschen das weiße Gewand wieder gegen Ihre Alltagssachen um. Legen Sie diese Alltagssachen bewusst an, so als ob Sie sie zum ersten Mal wahrnehmen. Vergegenwärtigen Sie sich zum Abschluss noch einmal Ihre »Schätze« (die gewonnenen Erkenntnisse und die Essenz, also das Grundgefühl Ihres Abenteuers), um sie in Ihr Leben integrieren zu können. Öffnen Sie die Augen.

Vielleicht leben Sie danach nicht viel anders als vorher; aber Sie werden es von nun an wesentlich leichter haben, Ihre innere Stimme wahrzunehmen und ihr zu folgen. Sie werden höchstwahrscheinlich aufgrund Ihrer Erfahrungen in der Wüste der Wahrheit mehr Vertrauen in Ihre Eingebungen gewonnen haben und eine gewisse Schnelligkeit und Leichtigkeit, die es Ihnen ermöglicht, spontan zu handeln, anstatt Ihren Gewohnheiten zu folgen.

5. Das Gleiche in Kurzform: Prinzip freier Sonntag

Dies ist eine Übung, die ich bereits in »Den Weg des Herzens gehen« beschrieben habe. Ich nannte sie »Prinzip freier Sonntag«, weil sie sonntags am leichtesten durchzuführen ist. Sonntags liegt Feiertagsstimmung in der Luft, und jeder ist darauf eingestellt, etwas anderes als das Übliche zu tun.

Und so sieht das »Prinzip freier Sonntag« aus: Wenn ich am Morgen eines solchen Sonntags aufwache, bin ich mir dessen bewusst, dass ich nun rund vierzehn Stunden vor mir habe, während derer es mir vergönnt ist, genau das zu tun, was ich im jeweiligen Augenblick tun möchte. Ich übe den ganzen Tag über, meinem Gefühl zu folgen, wohin auch immer es mich führt. Vielleicht mache ich einen langen Spaziergang, wobei ich jeweils dorthin gehe, wohin mein Gefühl mich dirigiert; vielleicht setze ich mich ins Auto und fahre, wohin mich die Reifen tragen; vielleicht setze ich mich in den Zug und steige dort aus, wo mein Gefühl mir auszusteigen rät; vielleicht gehe ich ins Kino; vielleicht meditiere ich oder veranstalte einen großen Hausputz oder hänge alle Bilder um; was immer ich tue: Wichtig ist, dass ich ausschließlich der Wahrheit des Augenblicks folge. Gerade bei langen Spaziergängen funktioniert dieses Prinzip in geradezu wundersamer Weise. Manchmal taucht während eines Spaziergangs durch die Stadt oder über Land plötzlich ein bestimmter Wunsch auf, beispielsweise der nach einer bestimmten Art von Essen oder einem ganz bestimmten Kuchen oder nach einem schattigen Platz zum Meditieren oder einer sonnigen Wiese zum Schlafen. Wenn ich den Wunsch genügend beachte und anerkenne, habe ich anschließend nichts weiter zu tun, als »meinen Füßen zu folgen«, das heißt genau dorthin zu gehen, wo mein Gefühl mich hintreibt, und ich kann sicher sein, dass ich mein Restaurant, meinen Kuchen, meinen schattigen Platz oder meine sonnige Wiese finde.

Das »Prinzip freier Sonntag« ist jedenfalls eine hervorragende Gelegenheit, in einem Feld, das auch dem Ängstlichsten relativ gefahrlos erscheinen wird, zu üben, radikal der inneren Stimme zu folgen.

Techniken, Wege und Spiele

Die Übung des Singens ist eine Art, beten zu lernen. Sie ist der Lebendigkeit geweiht, die stets auf uns wartet. Die Musik unseres eigenen Wesens kann darin das Lied inspirieren.

AUS: RICHARD MOSS,
DER SCHWARZE SCHMETTERLING

Der Weg des Singens

Dies ist für mich die schönste Art, den Weg zu einer mehr intuitiven Lebensweise immer aufs Neue frei zu machen. Hierfür brauchen Sie keine Gesangsausbildung, keine musikalischen Grundkenntnisse, und Ihre Stimme muss auch nicht besonders schön klingen. Alles, was Sie brauchen, ist Freude am Singen und an Tönen.

Wenn Sie ganz allein für sich selber singen und Ihre Aufmerksamkeit dabei mehr nach innen als nach außen gerichtet ist, kann dies eine der intimsten Arten sein, mit Ihrem inneren Selbst in Kontakt zu treten.

Hier bin ich fast ein wenig scheu, Ihnen »Techniken« vorzuschlagen; am liebsten würde ich sagen: »Singen Sie sich frei; finden Sie Ihren eigenen Weg.« Aber in meiner Arbeit mit Seminarteilnehmern habe ich festgestellt, dass es leichter fällt, sich freizusingen, wenn man Anstöße bekommt, die einen sozusagen in Bewegung bringen. Hier also verschiedene Anregungen.

1. Singen als Gebet

Bringen Sie nach Ihrer Meditation oder Ihrem Morgen- oder Abendgebet Ihrem höheren Selbst ein Lied dar. Beginnen Sie damit, indem Sie einfach den ersten Ton singen, der auftaucht; singen Sie ihn, solange er Freude macht, bis ein neuer Ton, vielleicht verbunden mit einem neuen Vokal, auftaucht. (Wenn Sie die Zungen-, Gaumen-

und Mundstellung verändern, können hörbare Obertöne entstehen.) Auf diese Weise können Sie sich in die richtige Stimmung hineinsingen. Singen Sie für Ihr höheres Selbst, singen Sie für Gott, für das Universum, für die Luft, die Pflanzen, die Steine, die Blumen in dem Zimmer, in dem Sie sich befinden … Singen Sie das Schönste, was Sie in diesem Augenblick singen können.

2. Singen für den Körper

Singen Sie für Ihren Körper. Stimmen Sie sich auf den Zustand Ihres Körpers ein und bitten Sie darum, dass Ihnen diejenigen Töne einfallen, die Ihrem Körper in diesem Augenblick gut tun, die ihn kräftigen, harmonisieren, auf wohltuende Weise massieren, durchdringen, stimulieren oder beruhigen, je nachdem, was er gerade braucht. Singen Sie Vokale, summen Sie, singen Sie Vokale und Konsonanten, hoch oder tief – aber singen Sie immer so, dass Sie die Schwingung in Ihrem Körper spüren. Lassen Sie sich führen.

3. Erfinden Sie Lieder

Singen Sie Text. Singen Sie, was immer Ihnen gerade einfällt; setzen Sie Ihre Gedanken und Einfälle in Lieder um; ganz gleich, ob diese Lieder musikalischen und dichterischen Gesetzen folgen oder nicht. Singen Sie eine vorher festgesetzte Zeitspanne lang – zum Beispiel zwanzig Minuten – ohne Unterbrechung, und zwar mit Text (in Ihrer Muttersprache).

Erfinden Sie Lieder in anderen Ihnen bekannten Sprachen (ganz gleich, ob Sie die Sprache perfekt beherrschen oder nur wenige Worte kennen). Stellen Sie Ihren Geist auf die Schwingung dieser Sprache ein und singen Sie unbekümmert drauflos.

Erfinden Sie Lieder in Sprachen, die Sie nicht kennen. Reihen Sie Silben und Wörter aneinander, die schön klingen oder vertraut; die Sie gern singen, auch gern wiederholen, selbst wenn Sie keine Ahnung haben, was sie bedeuten.

Erfinden Sie Ihre eigenen Gesangspiele.

Sich freisingen ist ein wunderbarer Weg, sich von vielen der Hemmungen, Gewohnheiten und Konditionierungen frei zu machen, die einem innigen und spontanen Kontakt mit unserem inneren Selbst im Weg stehen.

Tanz und Körperübungen

Körperübungen können eine hervorragende Hilfe sein, um uns von unseren Gewohnheiten und Verhaltensmustern zu befreien, was notwendig ist, damit wir die Wendigkeit entwickeln, die wir brauchen, um unsere innere Stimme zu bemerken und ihr zu folgen. Hier rangiert sicherlich an erster Stelle die Feldenkrais-Methode, aber auch Tensegrity[21], wenn konsequent praktiziert (das heißt, wenn man mit Seminaren und Übungstagen »am Ball bleibt« und immer wieder Neues dazulernt), der afrobrasilianische Kampftanz Capoeira und sicherlich auch einige Kampfsportarten wie Aikido sind hier zu nennen. Auch moderne Körpertherapien wie bioenergetische Massagen, Tibetan Pulsing etc. können hilfreiche Impulse setzen.

Auch Tanzen kann helfen, Gewohnheiten zu überwinden, aber nur, wenn man immer wieder Neues lernt. Wenn Sie beispielsweise, wie die meisten Europäer, dazu neigen, beim Tanzen mehr die Aufwärtsbewegung zu betonen als die nach unten gerichtete, dann besuchen Sie einen afrikanischen oder afrobrasilianischen Tanzkurs und lernen Sie das Gegenteil: Bewegungen, die sich auf die Erde zubewegen statt von ihr fort. Und bevor Sie sich nun wieder auf dieses neue Muster festlegen, lernen Sie Bauchtanz. Lernen Sie Salsa, Tango, nehmen Sie Ballettunterricht. Lernen Sie immer neue Arten, sich zu bewegen. Imitieren Sie Tänzer und Tanzpartner, die sich ganz anders bewegen, als Sie es normalerweise tun. Erweitern Sie Ihre Bewegungsmöglichkeiten. Üben Sie Tai Chi. Tanzen Sie sich durch die verschiedenen Rhythmen mit der Methode von Gabrielle Roth.[22]

Wenn Sie allein zu Hause sind und Platz haben, sich zu bewegen, probieren Sie folgende Übung:
Legen Sie sich auf den Boden und entspannen Sie sich. Spüren Sie Ihren Atem. Spüren Sie Ihren Körper. Spüren Sie den Bodenkontakt. Dehnen und strecken Sie sich. Liegen Sie eine Weile still. Sagen Sie Ihrem Körper, dass er nun für eine Viertelstunde oder eine bestimmte, vorher festgelegte Zeitdauer die Gelegenheit hat, sich so zu bewegen, wie es ihm gut tut. Beginnen Sie dann, sich zu bewegen, wobei Sie ausschließlich den Impulsen folgen, die Ihr Körper Ihnen gibt. Lassen Sie Ihren Körper sich selbst bewegen und mischen Sie sich nicht ein. Vielleicht möchte er auf dem Boden herumrollen, vielleicht möchte er wie ein Baby, auf dem Rücken liegend, strampeln oder mit seinen Füßen oder Händen spielen; vielleicht möchte er tanzen, springen, schreiten, sich in alle Richtungen dehnen oder strecken ... Spielen Sie keine Musik dazu. Musik gibt Ihnen einen bestimmten Rhythmus und Stil für Ihre Bewegungen vor, das wäre dem Sinn der Übung entgegengesetzt.

Beenden Sie die Übung, indem Sie eine Weile bewegungslos verharren – im Sitzen, Liegen oder Stehen – und sich sammeln.

Der Weg des Schreibens

Wenn Sie sich für den »Weg des Schreibens« interessieren, empfehle ich die Lektüre von Natalie Goldbergs gleichnamigem Buch. Ergänzend zu der darin vorgestellten Technik der »Morgenseiten« (Goldberg empfiehlt, jeden Morgen eine bestimmte Anzahl von Seiten zu füllen, indem man ohne Unterbrechung aufschreibt, was immer einem in den Sinn kommt) möchte ich noch folgende Übung vorschlagen:

Wählen Sie ein Thema, das Sie zur Zeit besonders beschäftigt. Lassen Sie mehrere innere Parteien zu Wort kommen und schriftlich schildern, was sie zu diesem Thema zu sagen haben.

Beginnen Sie zunächst damit, dass Sie alles aufschreiben, was Ihnen zu diesem Thema einfällt – völlig unzensiert und möglichst, wie auch Goldberg empfiehlt, ohne zum Nachdenken abzusetzen.

Lassen Sie dann eine bestimmte innere Instanz zu Wort kommen, indem Sie sie einladen, sich zu äußern. Geben Sie ihr eine Bezeichnung, die Sie an den Anfang der neuen Seite setzen. Zum Beispiel: »Unterbewusstsein«; »inneres Kind«; »Über-ich« (innere Eltern); »Erwachsener«. Und schließlich: »Intuition« oder »höheres Selbst«. Üben Sie dies auf spielerische Weise; schreiben Sie auf, was immer Ihnen unter der betreffenden Überschrift in den Sinn kommt. Verlangen Sie keine Leistung von sich, sondern schreiben Sie einfach drauflos. Manchmal werden Sie auf wichtige Hinweise aus Ihrem Innern stoßen.

Im Praxisteil von Richard Moss' Buch »Krankheit – Tor zur Wandlung« finden Sie eine Übung zum »Weg des Schreibens«, die Ihnen helfen kann, in stärkeren Kontakt mit dem Fluss des Lebens zu kommen.

Intuitives Malen

Intuitives Malen empfehle ich hier als Methode, um zu lernen, sich der Inspiration und Intuition zu öffnen, nicht aber als Kunst. Wenn Sie gern malen, um der Freude am Malen willen, dann kann dies ein Weg für Sie sein. Vielleicht kommt sogar etwas dabei heraus, was einen Wert auch für andere hat; nur darf dieser Aspekt nicht im Vordergrund stehen, wenn Malen unser Weg zur Intuition sein soll.

Wenn Sie sich inspiriert fühlen, zu malen und durch diese Tätigkeit mit Ihrer Intuition in Kontakt zu treten, empfehle ich folgende Vorgehensweise:

a) Malen Sie nur in Momenten, in denen Sie Sehnsucht danach verspüren.
b) Kaufen Sie genau die Materialien, die Sie ansprechen.
c) Malen Sie nur um der Tätigkeit des Malens willen und nicht wegen des Resultats.
d) Malen Sie von Strich zu Strich, von Tupfer zu Tupfer genau, was Ihre Intuition oder Inspiration Ihnen eingibt.
e) Wenn Sie ungeduldig werden, die Lust verlieren oder mit dem Ergebnis unzufrieden sind, haben Sie den Faden der Intuition/Inspiration verloren. Hören Sie sofort auf und wenden Sie sich anderen Dingen zu. Kehren Sie erst zu Ihrem Malzeug zurück, wenn es Sie wieder ruft.

Spiele

Jedwedes Spiel kann uns helfen, Intuition zu entwickeln; ganz gleich, ob Sie klassische Brettspiele nehmen wie das gute alte Monopoly oder Ratespiele oder sportliche Spiele. Gehen Sie das Spiel mit einer anderen Einstellung an als der üblichen; wenn Sie normalerweise darauf eingestellt sind zu gewinnen, so verzichten Sie nun darauf, gewinnen zu wollen – nur zu Übungszwecken, versteht sich –, und machen Sie es sich zum Ziel, stets Ihrem Gefühl zu folgen. Üben Sie, ganz und gar, ohne zu zögern und ohne Rücksicht auf Verluste in allem, was Sie im Spiel tun, nach Ihrem Gefühl zu gehen. Rekapitulieren Sie anschließend den Spielverlauf, um herauszufinden, wo Sie Ihrem Gefühl gefolgt sind und wo nicht und wie die Resultate der jeweiligen Aktionen waren. Im Nachhinein kann man im Allgemeinen sehr gut unterscheiden, was Intuition war und was nicht und worin sich ein intuitiver Impuls von einem Impuls unterscheidet, der Resultat einer Blitzüberlegung, einer Angst oder einer äußeren Wahrnehmung ist.

Spaziergänge mit innerem Dialog

Für mich haben sich lange Spaziergänge als ideale Voraussetzung für einen Dialog mit meiner inneren Stimme erwiesen. Allerdings muss ich, damit ich in diesen Dialog treten kann, viel länger gelaufen sein, als ich laufen wollte – über eine Schwelle von Unlust und Umkehrenwollen hinweg –, muss an diesem Tag unbegrenzt Zeit haben und einen Weg gehen, auf dem ich es mir leisten kann, ganz versunken zu sein in meinen inneren Dialog.

Wenn ich auf den ersten Kilometern über ein Problem, das mich beschäftigt, erschöpfend nachgedacht habe und so weit gelaufen bin, dass ich über die Frage hinausgekommen bin, wie weit ich noch laufen muss, um umkehren zu dürfen, dann geschieht es oft ganz von selbst, dass mein innerer Dialog über das betreffende Problem sich vertieft und dass plötzlich Antworten und Anregungen aus tiefstem Innern auftauchen, die mir helfen, die Angelegenheit in einem anderen Licht zu sehen, besser zu verstehen, worum es geht, und oftmals gleite ich mühelos in ein Frage-und-Antwort-Gespräch mit meinem höheren Selbst.

Wenn Sie gern lange Spaziergänge machen oder wenn Sie sich vom »Weg des Spazierengehens« mehr angesprochen fühlen als vom Weg des Singens, Schreibens, Tanzens oder Malens, probieren Sie es aus. Ich kann Ihnen, über das hinaus, was ich eben erzählt habe, keine fertige Technik für »Spazierengehen mit innerem Dialog« liefern – bei mir ist es eher ein Nichttun als ein Tun. Stellen Sie sich einfach darauf ein, dass Ihr Spazierengehen

Ihnen helfen soll, in tieferen Kontakt mit Ihrem wissenden inneren Selbst zu treten; vielleicht geschieht es. Wenn nicht, ist Spazierengehen möglicherweise nicht Ihr Zugang zum Dialog mit der Intuition.

Singen, Schreiben, Malen, Tanzen, Spazierengehen: Das sind nur einige Beispiele dafür, wie man Tätigkeiten, an denen man Spaß hat oder die einen inspirieren, zum Zwecke des Intuitionstrainings nutzen kann. Vielleicht finden Sie andere. Vielleicht ist Ihr Weg das Kochen, das Blumenstecken oder das Joggen ... oder das Sprechen. Über Letzteres mehr im nächsten Kapitel.

Wie Sie intuitives Wissen als Antwort auf Ihre Fragen und Probleme aktivieren können

Alle Information ist uns durch inneres Wissen zugänglich.

AUS: STUART WILDE, GELD: FLIESSENDE ENERGIE

1. *Wie man intuitiv die Wahrheit über ein Problem herausfindet*

Wenn wir mitten in einem quälenden Problem stecken, erscheint es uns oft schwer bis unmöglich, unsere innere Stimme wahrzunehmen. Wir sind zu sehr verwickelt, persönliche Interessen sind beteiligt, die uns den Blick auf die innere Wahrheit verstellen können; wir haben zu wenig Abstand, sind hypnotisiert von unseren Ansichten, unseren Ängsten, unseren Erfahrungen.

Wer hier gründlich aufräumen und wieder einen klaren Kopf und freien Zugang zur inneren Wahrheit bekommen möchte, muss zweierlei tun. Erstens: die beteiligten Emotionen klären; zweitens: die richtige Frage finden.

Manchmal mag auch Punkt zwei genügen. Da jedoch immer, wenn uns ein Problem sehr zu schaffen macht, starke Emotionen beteiligt sind, über die wir uns im Allgemeinen aufgrund unserer Neigung zur Verdrängung nicht genügend im Klaren sind, empfehle ich, beide Schritte in der angegebenen Reihenfolge nacheinander zu tun.

Erstens: Die beteiligten Emotionen klären

Die Technik ist einfach. Ich habe sie im Kapitel »Intuition und Emotionen« geschildert und fasse sie hier nur kurz zusammen:

1. Denken Sie an Ihr Problem, bis es in Ihrem Bewusstsein präsent ist.
2. Lenken Sie die Aufmerksamkeit in Ihren Körper und schauen Sie, wo und wie er reagiert.
3. Begeben Sie sich mit Ihrer Aufmerksamkeit und Ihrem Atem in die betroffenen Körperzonen hinein und erleben Sie ihren Zustand von innen, bewusst atmend. Lernen Sie Ihr Problem als Körperzustand kennen.
4. Lenken Sie Ihre Aufmerksamkeit nun auf die darin verborgene Emotion, indem Sie sich fragen: »Während ich in dieser verspannten (oder sonst wie auffällig reagierenden) Körperzone präsent bin und bewusst atme, wie fühle ich mich? Wie geht es mir hier drinnen?«
5. Laden Sie die Emotion freundlich ein, sich ganz zu zeigen, damit Sie sie fühlen und verstehen können, während Sie weiterhin (wichtig!) bewusst atmen. Der Atem ist das Seil, an dem Sie sich festhalten können, wenn es turbulent wird. Welches Gefühl auch immer auftaucht, lassen Sie es ganz zu.
6. Wenn Sie die Emotion vollständig gefühlt haben, fragen Sie sich: »Wie kann ich mein Herz aufmachen für dieses Gefühl beziehungsweise für diesen Teil meiner selbst, der diese Not erleidet?« (Stichworte, wie bereits erwähnt: Mitgefühl mit sich selbst, Erbarmen, Verständnis, Anerkennung, Achtung; oder sich einfach mitsamt dem betreffenden Gefühl in die Arme nehmen.)
7. Verharren Sie im Zustand des offenen Herzens, bewusst atmend, und öffnen Sie sich dem, was geschieht. Möglicherweise meldet sich schon hier Ihre Intuition, und Sie wissen plötzlich, was zu tun ist, worum es geht etc.
8. Kümmern Sie sich in den darauf folgenden Tagen um

das neu entdeckte und ins Herz geschlossene Gefühl, indem Sie ihm bewusst erlauben, da zu sein und gefühlt zu werden. Das ist alles, was es braucht. Verwandeln wird es sich von allein, sobald es verstanden und angenommen ist.

Zweitens: Die richtige Frage finden

Wenn wir etwas wirklich wissen wollen – etwas, das für uns zum gegenwärtigen Zeitpunkt relevant ist – und uns genau im Klaren sind, was wir wissen wollen, finden wir immer die Antwort. Das ist meine aus Erfahrung gewonnene Überzeugung. Aus höherer Perspektive ist es sogar umgekehrt: Da ist eine Antwort, die sich manifestieren möchte, und damit sie das kann, braucht sie die Frage.

Nur sind wir uns nicht immer darüber im Klaren, was wir eigentlich wissen wollen.

Denken Sie an Ihr Problem. Stellen Sie sich vor, Sie säßen vor Gott – oder vor einer allwissenden Autorität, die Ihnen alles sagen kann – und dürften eine einzige Frage zu Ihrem Problem stellen. Wie würde diese Frage lauten?

Wenn mehrere Fragen auftauchen oder Ihre Frage kompliziert klingt, hinterfragen Sie Ihre Frage(n), bis nur noch eine einzige, einfache Herzensfrage übrig bleibt – das, was Sie wirklich wissen wollen, wenn Sie ganz ehrlich sind. Mit »hinterfragen« meine ich, dass Sie sich fragen: »Warum möchte ich das wissen?«, und sich das dann beantworten, so lange, bis ganz klar ist, was Sie eigentlich wissen wollen. Nun sind Sie bereit für die Antwort. In vielen Fällen stellt sie sich während dieser Vorübung schon ein. Sie können auch die bereits erwähnte Technik anwenden, die Frage zu stellen, ohne sie zu beantworten, und darauf zu vertrauen, dass die Antwort sich zur rechten Zeit einstellen wird.

2. Schriftliche Dialoge mit der inneren Stimme

Manchmal führe ich die Dialoge mit meiner inneren Stimme schriftlich, wenn ich Klärung in einer bestimmten Angelegenheit wünsche. Zu diesem Zweck brauche ich nichts weiter als Papier und Stift oder Computer oder Schreibmaschine, klare Fragen und die Bereitschaft, die Wahrheit zu diesen Fragen zu erfahren. Natürlich muss es sich um Fragen handeln, die mich selber betreffen – was andere Menschen betrifft, kann (und will) ich auf diesem Wege nur insoweit in Erfahrung bringen, als es für mich relevant ist und sich nicht um einen Übergriff beziehungsweise ein Eindringen in die Privatsphäre eines anderen handelt.

Bevor Sie zu einer solchen Befragung ansetzen, müssen Sie sich klarmachen, welche Instanz Sie auf diese Weise ansprechen. Wenden Sie sich an Ihr höheres Selbst, die Quelle Ihrer Intuition, so müssen Ihre Fragen genau das ausdrücken, was Sie auf dem Herzen haben; Sie müssen Sie selber betreffen und nicht andere (Fragen, die andere betreffen, dürfen nur auf ausdrücklichen Wunsch der betreffenden Person und am besten von dieser selbst gestellt werden); sie müssen aktuell sein und die Gegenwart betreffen (anstatt beispielsweise mit Spekulationen über etwas zu tun zu haben, das erst zu einem späteren Zeitpunkt akut wird). Ihre Bereitschaft, die Wahrheit zu erfahren, muss hundertprozentig sein, sonst funktioniert die Technik nicht. Wenn Sie sich vor der Wahrheit fürchten, weil Sie auf ein bestimmtes Ergebnis fixiert sind, ist die Gefahr groß, bei Ihrem Dialog Antworten zu erhalten, die Ihren Wunschfantasien entspringen und nicht Ihrer Intuition.

Wenn die Voraussetzungen für einen Kontakt mit der inneren Stimme gegeben sind, dann sehe ich keinen Grund, weshalb Sie meine einfache Technik nicht auch ausprobieren sollten, auch wenn diese Dinge neu für Sie sind. Warum sollte Ihr inneres Wissen sich vor Ihnen verbergen? Allerdings muss ich dazu sagen, dass die wenigsten Menschen immer in der Lage sind, ihre eigenen Motive zu durchschauen. Oft denken wir, wir möchten die Wahrheit erfahren, aber in Wirklichkeit wünschen wir uns verzweifelt eine Auskunft, die es uns erspart, etwas annehmen zu müssen, was uns unannehmbar erscheint. Statt Wahrheit wollen wir Trost, irgendeinen Strohhalm, an dem wir uns festhalten können. Aus diesem Grund habe ich in meinem Buch »Ihr höheres Selbst« den Weg zum schriftlichen Dialog mit der inneren Stimme mit vielen vorbereitenden Übungen versehen, die klären helfen, ob man wirklich für die Wahrheit bereit ist.

Ich gehe davon aus, dass Sie diese Klärung auf Ihre Art vornehmen, bevor Sie sich an die folgende Übung machen, die ich Ihnen genauso einfach schildere, wie ich sie selber durchführe.

Ich stelle mich auf Wahrheit ein, schreibe die Frage auf – und dann schreibe ich das auf, was als Antwort erscheint. Ohne nachzudenken und ohne es zu zensieren, schreibe ich es so nieder, wie es auftaucht. Wenn die Antwort neue Fragen in mir aufwirft oder ich nicht zufrieden bin, frage ich weiter und antworte weiter, so lange, bis ich spüre, dass der Dialog beendet ist.

Es ist ganz einfach. Probieren Sie es aus. Stimmen Sie sich ein, bevor Sie schreiben: Meditieren Sie, sprechen Sie ein Gebet, eine Anrufung, ein Mantra – was immer Ihnen hilft, Ihren Geist zu leeren und Sie mit höheren Ebenen zu verbinden –, und dann schreiben Sie. Verlangen Sie aber bitte nicht von sich, dass es auf Anhieb funktioniert. Vielleicht kommt nur Unfug dabei heraus; vielleicht einige ganz nette Anregungen oder Ideen; vielleicht wirklich wertvolle Hinweise der inneren Stimme. Wenn Letzteres der Fall ist, merken Sie es beim Aufschreiben. Es fühlt sich wahr an. Es bestätigt eine Ahnung, die tief in Ihrem Innern schon vorhanden war und sich nun durch das Aufschreiben formulieren darf.

Wenn so etwas geschieht, stellen Sie es bitte nicht infrage. Ab und zu, solange man noch sehr unsicher ist, besonders auch dann, wenn man sehr verstrickt ist in die betreffende Problematik, mag es erleichternd sein, wenn man von einem anderen intuitiven oder sensitiven Menschen Bestätigung erfährt; es kann einem helfen, der eigenen inneren Stimme zu trauen. Auf die Dauer aber schadet es unserem Verhältnis zu unserer inneren Stimme, wenn wir uns von Bestätigungen anderer abhängig machen.

Wenn Sie intuitiv eine Wahrheit erfasst haben, dann spüren Sie einen magischen Augenblick lang deutlich, dass es sich um echtes Wissen handelt. Diesen Eindruck müssen Sie hüten. Es ist im Grunde das Einzige, woran wir uns halten können auf unserem Weg. Selbst wenn wir dabei das Risiko eingehen, uns zu irren: Aber wir sind auf unserem eigenen Weg und folgen unserer eigenen Wahrheit. Und darauf kommt es letztlich an im Leben – nicht darauf, ob wir etwas falsch oder richtig machen. Das ist jedenfalls meine Auffassung.

3. *Trotz alledem: Trauen Sie Ihrem Gefühl mehr als Wortgedanken*

Mehr als allem anderen müssen wir unserem Gefühl trauen. Mit »Gefühl« meine ich hier jenes allererste Erfassen einer Wahrheit, bevor sie sich noch in Gedanken formuliert oder zu Bildern gestaltet hat. Dieses »Gefühl« ist noch ganz rein; eine Intuition, die als formulierter Gedanke auftaucht, kann zwar auch noch rein sein, aber beim Formulieren besteht doch die Möglichkeit, dass sich etwas einschleicht, was den ursprünglichen Eindruck verfälscht – sei es eine Interpretation (das heißt, unser intuitiver Eindruck – das »Gefühl« – wird übersetzt in etwas, was unseren Erfahrungen und Überzeugungen entspricht), sei es ein Wunsch (das »Gefühl« wird so interpretiert, wie es unserem Wunsch entspricht).

Diese Vorgänge geschehen meist unbewusst. Deshalb kann eine verbale Botschaft der inneren Stimme, die beispielsweise aus der im vorigen Kapitel beschriebenen Dialogtechnik gewonnen wird, niemals als hundertprozentig verlässlich betrachtet werden. Nutzen Sie daher ausdrückliche Dialoge mit Ihrem inneren Selbst zur Klärung Ihrer Angelegenheiten, aber verlassen Sie sich trotzdem in allem auf Ihr Gefühl und nicht auf verbale Botschaften.

Sich auf ein Gefühl zu verlassen, Intuition aus erster Hand zu beziehen statt aus zweiter (formulierte Gedanken) oder aus dritter (durch andere Menschen), hat überdies den ganz großen Vorteil, dass es uns zwingt, gegenwärtig zu sein. Allzu oft neigen wir dazu, wenn wir Probleme haben oder Wunschvorstellungen hinterherlaufen, die Wirklichkeit kontrollieren zu wollen, alles einordnen und im Vorhinein wissen zu wollen, mit welchen Ergebnissen wir zu rechnen haben. All dies sind Zeichen von Nichtvertrauen, von Angst. Den Weg der inneren Stimme zu gehen bedeutet aber, sich dem Leben anzuvertrauen und sich von Augenblick zu Augenblick führen zu lassen.

»Schritt für Schritt für Schritt –
nicht mehr,
aber auch nicht weniger.«[23]

Richard Moss, ein Arzt und spiritueller Lehrer, schreibt: »Ich bin grundsätzlich sehr vorsichtig, wenn es darum geht, ›Wahrheiten‹ aus höheren Bewusstseinszuständen rational auf das Leben in niederen Bewusstseinszuständen anzuwenden … Sobald wir ins gewöhnliche Bewusstsein zurückkehren und versuchen, höhere Wahrheiten anzuwenden, passen wir die Wirklichkeit einer Norm an. In gewissem Sinn können wir neue Kräfte einsetzen, um das Leben funktionieren zu lassen, es passend zu machen, es richtig hinzubekommen, aber all dem liegt eine Haltung der Angst zugrunde … Warum haben wir Angst, tiefer durch die Tür des Nichtwissens hindurchzugehen und unseren eigenen Erfahrungen zu vertrauen?«[24]

Probieren Sie es. Gehen Sie durch die Tür des Nichtwissens. Wagen Sie es, sich dem Leben anzuvertrauen und sich Schritt für Schritt führen zu lassen?

4. *Intuition im Einsatz für andere*

Wenn Freunde ihre Probleme an uns herantragen in der Hoffnung, von uns hilfreiche Hinweise oder guten Rat zu erhalten, können wir, anstatt uns in der üblichen Weise zu unterhalten, auf Intuition schalten. Ich habe festgestellt, dass es mit fast jedem Menschen, der zumindest ein wenig spirituelle oder therapeutische Erfahrung hinter sich hat, leicht möglich ist, ein »achtsames Gespräch« zu führen. Bei dieser Gesprächstechnik kann Intuition mit Leichtigkeit fließen.

Dabei ist es zunächst einmal wichtig, dass der Zuhörende seinen Kopf leer macht. Das heißt, wenn wir zuhören, sollten wir sozusagen ganz Ohr sein, anstatt das Gehörte im Geist zu kommentieren, zu interpretieren oder zu beantworten. Wenn Sie mit offenem Herzen zuhören, also mit Anteilnahme, Respekt und Mitgefühl, ohne uns mit einer eigenen Meinung einzumischen, dann ist das die beste Voraussetzung dafür, dass Ihr Freund oder Ihre Freundin beim Erzählen Zugang zu seiner/ihrer Intuition bekommt und sich die auftauchenden Fragen selber beantwortet.

Wenn dennoch Kommentare oder Hinweise von Ihnen erbeten werden, gibt es drei Möglichkeiten der Hilfestellung, die Ihren Gesprächspartner weiterbringen können:

a) Geben Sie Feedback. Das heißt: Schildern Sie, was in Ihrem Innern geschehen ist, während Ihr Gesprächspartner erzählte. Beispielsweise: »Als du von London gesprochen hast, ist mir heiß geworden.« – »Während du mir die Geschichte dieser Frau erzählt hast, bin ich plötzlich ganz unruhig geworden und hätte am liebsten gesagt: ›Hör auf!‹«
b) Konzentrieren Sie sich auf Ihr Herz, öffnen Sie sich für einen direkten Kontakt von Herz zu Herz und äußern Sie, was Sie dabei fühlen.
c) Sprechen Sie diejenigen Gedanken aus, die spontan während der Erzählung oder auf eine gestellte Frage hin aufgetaucht sind. Seien Sie allerdings vorsichtig mit der Bewertung. Überlassen Sie es Ihrem Gesprächspartner, sich einen Reim darauf zu machen und zu beurteilen, ob es sich um eine für ihn relevante und hilfreiche Eingebung handelt oder nicht.

Werden Sie ausdrücklich um intuitiven Rat gebeten, kann folgende Technik den Zugang zur Intuition erleichtern:

1. Setzen Sie sich einander gegenüber, Oberkörper einander zugewandt.
2. Erden Sie sich (Körper, Bodenkontakt, Gewicht, Atem spüren).
3. Visualisieren Sie einen Lichtstrahl, der von oben – von den höheren Ebenen Ihres Wesens – durchs Scheitelzentrum in Ihr Herz fällt, und leiten Sie dieses Licht wie einen Scheinwerfer zum Herzen Ihres Gegenübers weiter.

4. Machen Sie Ihren Kopf leer. Spüren Sie Ihren Atem.
5. Verneigen Sie sich (körperlich oder geistig) vor Ihrem Gegenüber, um die göttliche Gegenwart in ihm oder ihr zu ehren.
6. Bitten Sie um Wahrheit.
7. Lassen Sie Ihren Partner nun seine Frage stellen.
8. Sprechen Sie aus, was in Ihrem Geist auf die ausgesprochenen Fragen hin auftaucht, seien es Bilder, Gedanken oder Gefühle. Bitten Sie Ihren Partner zu prüfen, ob das Gesagte für ihn zutrifft oder ihm unsinnig erscheint. Fügen Sie nichts hinzu, schmücken Sie nichts aus, interpretieren Sie nicht.
9. Wenn nichts auftaucht, teilen Sie dies mit. Suchen Sie nicht, fangen Sie nicht an nachzudenken. Sagen Sie einfach, dass keine Antwort auftaucht. Vielleicht muss die Frage anders gestellt werden; vielleicht ist die Frage keine Frage mehr, weil der Betreffende die Antwort längst weiß; vielleicht gibt es wichtigere Fragen, die mehr im Vordergrund seines Bewusstseins stehen. Vielleicht haben Sie im Augenblick aber auch keinen Zugang zur Intuition oder jedenfalls nicht zu einer Intuition, die Ihr Gegenüber betrifft; vielleicht ist es ein Hinweis darauf, dass Ihr Gesprächspartner in seinem eigenen Innern nach Antwort suchen soll; vielleicht ist es nicht der richtige Moment.

Diese Technik kann nur angewandt werden, wenn der Mensch, um den es geht, die Fragen stellt, die er auf dem Herzen hat. Nur Herzensfragen können auf diesem Wege beantwortet werden (Verstandesfragen muss der Verstand beantworten). Eine Herzensfrage ist die Frage, die Ihnen wirklich auf den Nägeln brennt; die Frage, die Ihr Herz in diesem Augenblick bewegt.

Die beste Art, herauszufinden, welches die Frage ist, die Sie wirklich bewegt, habe ich bereits an anderer Stelle erwähnt: Stellen Sie sich vor, Sie stehen vor Gott – oder vor einer allwissenden Instanz – und haben eine Frage frei. Was möchten Sie wissen?

Niemals sollte man, meiner Überzeugung nach, versuchen, intuitive Antworten für andere auf Fragen zu bekommen, die diese anderen einem gar nicht gestellt haben; niemals sollte man versuchen, auf intuitivem Wege Ratschläge für andere zu »kanalisieren«, wenn man nicht ausdrücklich darum gebeten wurde. Es ist sonst ein Übergriff, eine Einmischung in die Angelegenheit anderer, und mit Übergriffen und Einmischungen unterstützt man andere nicht in ihrem Wachstum und ihrer Eigenverantwortung, sondern betrachtet sie als klein und hilfsbedürftig, was für die Betreffenden niemals förderlich und obendrein eine Art geistigen Hochmuts ist. Wenn Sie zu solch einem Verhalten neigen, dann prüfen Sie bitte, welches eigene Bedürfnis sich dahinter verbirgt. Was versuchen Sie durch dieses Verhalten für sich selber zu erreichen oder zu vermeiden? Spüren Sie Ihr verborgenes Bedürfnis auf, fühlen Sie es und öffnen Sie ihm Ihr Herz. Fragen Sie es, was es wirklich von Ihnen braucht.

Wenn wir echte Intuition – Botschaften des höheren Selbst – für einen Mitmenschen kanalisieren möchten, dann wird uns diese nur zugänglich sein, wenn wir uns in Respekt und Demut an sein wahres Selbst wenden – an sein wissendes, vollkommen heiles und ganzes Selbst. Von dort kommen die Hinweise, die der Person in ihrem augenblicklichen Zustand nützlich sein können; Hinweise, die sie selber natürlich in ihrem eigenen Innern entdecken kann – worin wir sie immer unterstützen sollten –, die sie aber vielleicht aufgrund ihrer Verwirrung auf dem Umweg über einen anderen Menschen zu bekommen hofft. Jede wahre Eingebung wird deswegen auch von der Person, die sie betrifft, als Wahrheit erkannt – wieder erkannt, denn es ist ja ihre eigene Wahrheit, die sie selber bereits geahnt, der sie aber nicht vertraut hat und die sie nun, da sie sie aus einem fremden Munde hört, möglicherweise besser als Wahrheit erkennen kann, als wenn sie nur in ihrem Innern als Gedanke auftaucht.

Wir sollten aber bei aller Hilfsbereitschaft niemals vergessen, dass wir einem anderen keine Hilfe sind, wenn wir ihn von uns abhängig machen – dadurch, dass wir entweder anbieten oder uns dazu überreden lassen, andauernd Fragen für ihn zu beantworten – oder wenn wir versuchen, ihm Entscheidungen abzunehmen oder innere Arbeit zu ersparen. Die einzige wirkliche Hilfe, die wir ihm bieten können, ist, ihn darin zu unterstützen, seine eigene Wahrheit zu finden und seinen eigenen Weg zu gehen. Und damit wir ihn darin tatsächlich fördern können, müssen wir ihm das auch zutrauen (anstatt zu glauben, dass er unsere Anleitung braucht).

Im folgenden Abschnitt stelle ich eine Technik vor, mit der Sie sozusagen den Spieß umdrehen können.

Anstatt zu versuchen, auf intuitivem Wege Antworten für einen anderen Menschen zu kanalisieren, können Sie ihm helfen, Zugang zu seiner eigenen Intuition zu bekommen und sich seine Fragen selber zu beantworten. Oder, andersherum betrachtet: Sie können sich Ihre Fragen mithilfe eines Gesprächspartners selber intuitiv beantworten.

5. *Zugang zur eigenen Intuition finden mithilfe eines Gesprächspartners*

Nehmen wir an, Sie sind derjenige, der ein Problem und eine Menge Fragen hat. Sie sehnen sich nach Antworten aus einer höheren Perspektive als Ihrem persönlichen Bewusstsein. Sie haben sich bereits um die Emotionen gekümmert, die das Problem in Ihnen aufwirft; Sie haben auch versucht, Ihre innere Stimme zu befragen, aber ohne klaren Erfolg. Hier ist eine Übung, die Ihnen helfen kann, klare Auskünfte von innen zu bekommen. Sie brauchen dafür jemanden, der bereit ist, Ihnen bei der Klärung zu helfen – das heißt, Sie brauchen einen oder mehrere Gesprächspartner. Natürlich können Sie die Technik reihum für jeden Teilnehmer anwenden.

1. Schritt: Die Frage klären

Berichten Sie Ihrem Gesprächspartner von Ihrem Problem. Finden Sie gemeinsam heraus, welche Frage/n Sie stellen möchten. Klären Sie Ihre Frage/n so lange, bis sie einfach und genau das ausdrücken, was Sie wissen wollen. Ihr Gesprächspartner soll sich Ihre Frage/n notieren oder merken, denn er/sie wird sie Ihnen später, wenn Sie entsprechend vorbereitet sind, stellen.

2. Schritt: Die Einstellung

Ihr Gesprächspartner und Helfer soll Sie nun wie folgt anleiten:

- Schließe die Augen, tue einen tiefen Atemzug und entspanne dich.
- Erde dich: Spüre deinen Körper, deine Füße, dein Gewicht.
- Öffne dich nach oben: Stelle dir im Scheitelzentrum eine Öffnung vor, durch die du mit den höheren Ebenen deines Wesens verbunden bist.
- Vergegenwärtige dir, dass es eine geistige Instanz gibt, die alles weiß, was für dich relevant ist, und dass du Zugang zu ihr hast.
- Stelle dich auf Wahrheit ein (darauf, von dieser wissenden Instanz in deinem Innern die Wahrheit zu erfahren).
- Mache deinen Kopf leer (das heißt frei von Gedanken).

3. Schritt: Die Frage/n stellen und beantworten

Ihr Gesprächspartner richtet nun die vorher vorbereiteten Fragen an Sie. Nicht alle hintereinander, sondern jeweils nur eine.

Sie sprechen aus, was daraufhin in Ihrem Geist auftaucht. Zensieren Sie nicht, werten Sie nicht, sortieren Sie nicht, denken Sie nicht nach, bevor Sie reden, sondern sprechen Sie einfach aus, was auftaucht. (Ausgewertet wird später.)

Manchmal muss der Gesprächspartner kreativ und flexibel sein; dann nämlich, wenn die vorbereiteten Fragen sich als ungeeignet erweisen, was man daran erkennt, dass der Mensch, der sich im Intuitionsmodus befindet, sie nicht beantworten kann und vielleicht sagt: »Kannst du anders fragen?« Manchmal muss der Gesprächspartner sich in die Problematik seines Gegenübers hineinversetzen, um die Fragen formulieren zu können, die diesen bewegen.

Werten Sie die Ergebnisse erst aus, wenn Sie die Sitzung beendet, die Augen geöffnet, sich wieder geerdet haben und wieder in den normalen Bewusstseinszustand eingetreten sind. Beim Auswerten soll der Helfer/Gesprächspartner sich bitte davor hüten, die erhaltenen Informationen gemäß seinen Ansichten oder Lebenserfahrungen zu bewerten oder zu interpretieren. Hilfreich kann dagegen sein, wenn er Feedback gibt. Jeder Mensch hat ein Gespür für Wahrheit, und manchmal kann ein positives Feedback des Zuhörers uns helfen, unserer eigenen Intuition mehr zu vertrauen. »Das klang für mich sehr überzeugend.« – »Für mich fühlte sich das wie eine Wahrheit an.«

Teil IV

Höhere Perspektiven

Die Perspektive der Quelle der Intuition einnehmen

Nehmt einmal an, ihr hättet tief in euch selbst das Wissen um all die Meisterwerke der bildenden Kunst der Welt, sodass diese – die schönsten Skulpturen und Gemälde – eurem Bewusstsein gegenwärtig wären, aber ihr hättet nicht das Werkzeug, um sie zu gestalten … dann könnt ihr euch etwa die schmerzliche Sehnsucht eures Bewusstseins vorstellen, diese Meisterwerke hervorzubringen. Dies gibt euch, ins Infinitesimale verkleinert, etwa eine Vorstellung vom Ringen der Schöpfungskräfte des All-einen um ihren Ausdruck in dieser Erscheinungswelt.

AUS: JANE ROBERTS, DAS SETH-MATERIAL

Aus der persönlichen Perspektive betrachtet tauchen Eingebung, Intuition, Inspiration, innere Stimme unvermutet und überraschend auf wie plötzliche Einbrüche aus einer anderen Wirklichkeit. Ihr Auftauchen ist für uns weder steuerbar noch nachvollziehbar. »Die Wege des Herrn sind unerforschlich.«

Wechseln wir die Perspektive. Stellen Sie sich vor – oder erinnern Sie sich daran –, wie es ist, ein Wesen zu sein, das nicht durch einen Körper begrenzt ist. Stellen Sie sich vor, ein ewiges Wesen zu sein, jenseits von Raum und Zeit, frei, unbegrenzt und über ein unendliches Potenzial an Möglichkeiten verfügend. Stellen Sie sich vor, Sie wünschen sich, einigen dieser Möglichkeiten Gestalt zu geben, wie ein Künstler, der die Idee zu einem Bild in sich trägt und sich nun danach sehnt, es zu malen – oder ein Komponist, der berauscht ist von einer Stimmung und sich danach sehnt, sie in Musik umzusetzen. Das Kunstwerk, das Sie aus dem unendlichen Potenzial Ihrer Möglichkeiten komponieren, ist Ihre Persönlichkeit. Die Substanz, aus der Sie sie gestalten, sind Sie selbst. Das physische Material, aus dem Sie sie gestalten, ist Ihr Körper. Das Werkzeug, das gebraucht wird, um sie zu gestalten, ist Ihr Schicksal.

Während Sie Ihr Kunstwerk gestalten, sind Sie selber überrascht, was sich da entfaltet. So wie ein Schriftsteller, der einen Roman schreibt und staunt, welche unvermutete Weisheit, welchen Witz, welche Schönheit oder welche Tiefe seine Figuren an den Tag legen; welche Formulierungen ihm einfallen und welches Eigenleben die Gestalten seiner Geschichte entwickeln.

Er bringt den Roman zu Papier, um das zu entdecken, was in seiner eigenen Tiefe verborgen lag.

So ist es mit uns. Wir verwirklichen uns, um zu entdecken, welche Qualitäten in unserer Tiefe geschlummert haben.

Können Sie nun die Perspektive Ihres eigentlichen, ursprünglichen und ewigen Wesens einnehmen, aus dem heraus das, womit Sie sich bislang identifizierten – Ihre Persönlichkeit –, sich entfaltet? Aus dieser Perspektive heraus ist die innere Stimme nun nichts, was unvermutet und bruchstückhaft im Bewusstsein auftaucht, sondern hier sind Sie selber die Quelle dieser »inneren Stimme«, hier befinden Sie sich im Zustand desjenigen, der das Schicksal und die Persönlichkeit erschafft, der sozusagen den Pinsel führt. Allerdings ist es nicht so, dass er einen vorgegebenen Plan hat, dem er folgt – sondern er gestaltet aus seiner Sehnsucht heraus, etwas Schönes zu verwirklichen, eine ganz bestimmte Stimmung, ein Gefühl, eine bestimmte Harmonie zu Papier zu bringen, die tief in seinem Innern verborgen liegt und die er im Verlauf seiner Gestaltung nach und nach auftauchen lässt. Es mag einen zugrunde liegenden Plan geben, so wie eine Rose sich nach einem Plan entfaltet, der in ihrem Erbgut festgelegt ist. Aber es ist nicht die Wesenheit der Rose und auch nicht die der Rosengattung, die diesen Plan erschaffen hat und überblickt und die aus diesem Überblick heraus erst dieses, dann jenes Blatt entfaltet und so fort; sondern die Rose entfaltet sich, weil sie nicht anders kann, aus ihrem Wesen, ihrer Natur heraus; und diese Natur ist ein Geheimnis. Ebenso ist unsere Natur ein Geheimnis, das sogar für unser höheres Selbst nicht offenbar ist, bevor es sich nicht manifestiert hat. Ganz tief im Innern des Universums, so denken wir und hoffen wir vielleicht, sitzt Gott und kennt das Ergebnis der Manifestation im Voraus, hat alles im Voraus geplant – aber wozu wäre dann alles da, wenn es nichts weiter wäre als die Reproduktion eines perfekt vorgefertigten geistigen Plans auf physischer Ebene? Nein, ich bin sicher, Gott überrascht sich selbst mit jeder neuen Schöpfung und mit jedem neuen Tag jeder neuen Schöpfung.

Nun, das sind lediglich meine Überlegungen; teilweise entstammen sie meinen Meditationen, teilweise sind es Erkenntnisse, die sich beim Schreiben offenbarten, und natürlich haben andere Meditierende vor mir ähnliche Einsichten gewonnen. Sie sollen Sie zu eigenen Kontemplationen und Meditationen anregen. Aber sehen Sie schon jetzt, wie unser Verständnis der inneren Stimme sich ändert, wenn wir wenigstens gedanklich versuchen, eine andere Perspektive einzunehmen?

Die Intuition ist dann unser eigener schöpferischer Impuls, uns selber und unser Leben im jeweiligen Augenblick zu gestalten – die Pinselführung unseres höheren Selbst sozusagen.

Was geschieht, aus dieser Perspektive heraus betrachtet, wenn wir ihr nicht folgen? Offenbar haben wir ja die Wahl, den berühmten freien Willen. Die innere Stimme sagt: Links!, und wir gehen nach rechts. Ist das ein Fehler? Verdirbt das das ganze Gemälde? Wenn wir einmal im Rückblick untersuchen, was in all den Fällen geschehen ist, in denen wir der inneren Stimme nicht gefolgt sind (und wenn man genau hinschaut, entdeckt man nicht nur einzelne Teilentscheidungen, bei denen dies der Fall war, sondern ganze Lebensphasen, in denen man nicht den Weg gegangen ist, den man eigentlich, seinem tiefinneren Wissen zufolge, hätte gehen sollen), ist das Gemälde, das aus unseren »Fehltritten« entsteht, weniger harmonisch, weniger glatt und in diesem Sinne weniger vollkommen, als wenn wir immer der inneren Stimme und damit der schönsten und besten Möglichkeit gefolgt wären, die uns angeboten wurde.

Und doch kann man, ohne diese Fehler zu beschönigen, auch in den Folgen dieser Fehler Sinn entdecken. Das ist vielleicht der Moment, in dem der Künstler selber – das gestaltende individuelle, höhere Selbst – überrascht ist von seinen Schöpfungen. Seiner Vision, seinem Empfinden nach war der Weg nach links der geradere, angenehmere, und es hätte dort vielleicht eine wunderbare Überraschung gewartet. Nun ist die Figur seiner Schöpfung – das Ich, das ein Eigenleben entfaltet hat – aber nach rechts gegangen und womöglich in eine Katastrophe geschlittert. Diese Katastrophe aber hat zu einer Vertiefung ihrer Erkenntnis und ihres Mitgefühls geführt, zu einer Erschütterung, die notwendig war, um ihr Herz zu öffnen und eine viel tiefere und größere Schönheit zutage zu fördern, als es vielleicht auf dem besseren Weg möglich gewesen wäre ... Spekulation natürlich, aber hilfreich vielleicht, um eine Ahnung von der allem zugrunde liegenden Vollkommenheit zu bekommen.

Denn auch das individuelle höhere Selbst, der Künstler, dessen Perspektive wir nun einzunehmen versucht haben, ist nicht der letztendliche Gestalter, sondern seinerseits eine Gestaltung. Wie ich schon sagte, gestaltet er ja nicht aus einem fertigen Plan heraus, sondern lässt das, was in seiner Tiefe schlummert, zutage treten, wobei er sich selber überrascht. Diese Tiefe nun enthält Dimensionen, die jenseits der Individualität liegen – göttliche –

und aus denen heraus alles, was in den verschiedenen Stufen der Schöpfung in Erscheinung tritt, in einer tatsächlich vollkommenen Ordnung auftaucht. Nichts, was existiert, liegt außerhalb dieser Ordnung. Dies ist mein inneres Wissen, aber auch Erfahrungswissen, denn wenn ich meine eigenen Krisen anschaue, wenn ich meine schlimmen Erfahrungen, auch die wirklich katastrophalen, anschaue und ihnen auf den Grund gehe, stoße ich stets auf Vollkommenheit. Obwohl ich Momente erlebe, die wirklich furchtbar sind – Momente von Panik, Verzweiflung, Ausweglosigkeit, Angst, Resignation, Schock –, ist jede Krise ein Geschenk des Himmels, denn sie konfrontiert mich mit Teilen meiner selbst, die seit Urzeiten im Gefängnis der Verdrängung ein einsames, unbeachtetes und ungeliebtes Dasein fristeten. Jeder Augenblick, in dem ich mein Herz einem solchen »inneren Gefangenen« öffne und ihn aus seinem Gefängnis erlöse, indem ich zu ihm gehe und mit ihm fühle, jeder Augenblick, mit anderen Worten, in dem ich ein negatives Gefühl, das durch die Ereignisse meines Lebens ausgelöst wurde, endlich ganz zulasse und annehme, ist ein Augenblick tiefer Liebe und Schönheit. So gesehen sind die schmerzlichen Ereignisse, die mir dies ermöglichen, in Wahrheit große Geschenke, und sie kommen, scheint mir, immer im richtigen Augenblick; dann nämlich, wenn ich in der Lage bin, mich den tieferen Dimensionen, an die sie rühren, zu öffnen.

Aber gehen wir noch einmal zurück zu der höheren Perspektive, die ich zu skizzieren versucht habe. Denn hier liegt der Schlüssel für das Verständnis unserer Arbeit mit der inneren Stimme. Sind wir ganz in der persönlichen Perspektive gefangen, so ist die innere Stimme eine unbegreifliche und unsteuerbare Angelegenheit. Gewiss ist es wertvoll und ein wichtiger Entwicklungsschritt, wenn man es mitten im Gefängnis der persönlichen Perspektive wagt, sich blind von dieser unwägbaren höheren Instanz leiten zu lassen. Es braucht Mut und Vertrauen, und es verlangt von uns, nach und nach alles loszulassen, woran wir festgehalten haben.

Ist dieser Schritt jedoch getan, so kann es anstehen, sich über die persönliche Perspektive zu erheben, sodass man sich mit der Quelle dieser inneren Stimme identifiziert. Nun erkennt man klarer, worum es jeweils geht im Leben, welches der geistige Schritt ist, der getan werden muss, um welche grundsätzlichen (kollektiven oder universalen) Themen es gerade geht, welche Rolle man darin spielt, um welche Aspekte, Gefühle, Gedankenstrukturen man sich kümmern muss, um weiterzukommen, und so fort. Hier in der Perspektive des höheren Selbst herrschen allerdings ganz andere Gesetze als in der Welt der persönlichen Perspektive und der materiellen Realität. Hier herrscht nicht der Verstand, jedenfalls nicht das, was wir in unserer Welt als Verstand kennen. Das heißt, wir dürfen nicht erwarten, wenn wir eine höhere Perspektive einnehmen, nun unser ganzes Schicksal klar und in einer für den Verstand fassbaren Folgerichtigkeit vor uns zu sehen, so wie wir eine Bilanz oder einen Plan für ein Gebäude vor uns sehen. Es ist vollkommen anders. Man taucht ein in etwas, was manche Mystiker »den ewigen Augenblick« genannt haben. Es gibt nichts als den Augenblick, aber dieser ist nicht ein Ausschnitt aus der Zeit, sondern ein Zustand. Er ist in sich ruhend und dynamisch zugleich. Das heißt, mitten aus diesem Augenblick tauchen Erkenntnisse auf, schöpferisch, aus der Tiefe dessen, was in »Führung durch Intuition«[25] Punkt null genannt wurde. Es herrscht Wissen-an-sich, wie ich an früherer Stelle schon gesagt habe, und aus diesem Wissen-an-sich aktualisiert sich das, was im jeweiligen Augenblick gebraucht wird. Es ist eine andere Art der Entstehung von Wissen als die, die der linear strukturierende Verstand kennt. Für den Verstand (also die niedrigere Ebene) ist es ein inakzeptabler, Furcht erregender Zustand. Innerhalb der höheren Perspektive jedoch ist nichts Furchterregendes daran, weil man sich im Zustand von Im-Wissen-Ruhen befindet.

Es ist schwer, das in Worten wiederzugeben. Ich habe es versucht, so gut es geht. Bitte ergründen Sie das tiefer in Ihrer Meditation. Sie können die Worte dieses Kapitels auf sich wirken lassen und sich dann in das versenken, was sie in Ihnen auslösen; Sie können einfach darum bitten, dass Sie mit dieser höheren Realität in Fühlung kommen. Seien Sie kreativ dabei, aber stellen Sie sich kompromisslos auf Wahrheit ein, damit Sie nicht in schöne Fantasien geraten anstatt in die höhere Realität.[26]

Die Intuition des Himmels

Wenn Sie Zugang zu den himmlischen Ebenen haben möchten, dann genügen Ihre persönlichen Emotionen nicht. Wenn Sie in das Bewusstsein von Buddha eintreten, wie er unter dem Bodhibaum meditierte, dann werden Sie die Macht der kosmischen Emotion erkennen … Sie werden in sich einen innewohnenden Sinn für Verherrlichung finden. Es sind Ihr Verstand, Ihre Enttäuschungen oder Ihr Wunsch nach persönlichem Gewinn, die Sie davon abhalten, diesem Bedürfnis nach Verherrlichung freien Lauf zu lassen … Es ist Ihr Gefühl der Verherrlichung, das Ihnen Zugang zu den himmlischen Sphären gewährt – Zugang, das bedeutet: Es wird die Erinnerung an diese Sphären auslösen.

AUS: PIR VILAYAT INAYAT KHAN:
DAS, WAS DURCHSCHEINT DURCH DAS, WAS ERSCHEINT

Bisher haben wir uns mit Intuition als etwas befasst, das uns in den Angelegenheiten des alltäglichen Lebens den Weg weist. Aber es gibt auch eine Intuition, die uns in Bereiche jenseits der alltäglichen Wahrnehmung führt. Statt Intuition kann man auch »Ahnung« sagen. Sie kennen diese Ahnung vielleicht. Eine Ahnung eines Gemütszustands, der hoch über dem gewöhnlichen Alltagszustand liegt; erhaben, klar, hell, rein, unschuldig, erfüllt von einem Glanz, den wir mit unseren gewöhnlichen Sinnen in der Welt nicht wahrnehmen können; eine Ahnung von einer Liebe, deren Schönheit und Größe jenseits unseres Fassungsvermögens liegt; einer schweigenden, liebenden Gegenwart hinter unserer Gegenwart; eine Ahnung von unserer eigentlichen und ursprünglichen Freiheit; eine Ahnung von einer allem zugrunde liegenden Harmonie, die sich in unserem Leben als Sinn offenbart; eine Ahnung von jubelnden Engelschören, die in Momenten, da wir wichtige und richtige Entscheidungen treffen, plötzlich in unser Bewusstsein einbrechen kann … eine Intuition des Himmels.

Diese Ahnungen sind unmittelbare, wenngleich uns oft undeutlich erscheinende Wahrnehmungen einer Realität, die über unseren alltäglichen Horizont hinausreicht; einer höheren Wirklichkeit, in der wir eigentlich zu Hause sind, die wir aber in dem Maße, in dem wir uns von der Welt der alltäglichen Wahrnehmung einnehmen, ja hypnotisieren lassen, aus den Augen verlieren.

Genau von dieser Ahnung, dieser Intuition, können wir uns leiten lassen, wenn wir meditieren. Diese Art Ahnung – oder Erinnerung, wenn man so will – kann unser Führer sein, der uns den Weg weist in höhere Ebenen unseres Seins und Bewusstseins. Momente, in denen diese Ahnungen oder Erinnerungen an eine himmlische Welt in uns auftauchen, hinterlassen oft eine starke Sehnsucht nach diesen höheren Ebenen. Diese Sehnsucht ist die Kraft, die uns über unsere gewöhnliche Gemütseinstellung, unser Eingebundensein in die alltägliche Perspektive hinausheben kann. Eine Ahnung vom Glanz des Göttlichen, von der unfassbaren Schönheit der Liebe, vom Licht der hohen, hellen Sphären, von der Unschuld unserer Engelsnatur, von der Heiligkeit, der Erhabenheit, der Reinheit der höheren Ebenen kann der Komet sein, dem wir folgen, wenn wir in der Meditation unsere himmlische Natur wieder finden wollen.

Ebenso wie die Intuition, die uns als Führer in unseren alltäglichen Angelegenheiten dient, wollen auch diese Ahnungen, damit sie uns Wegweiser in höhere Welten sein können, ernst genommen werden. Wobei wir allerdings darauf achten müssen, sie nicht mit Fantasien zu verwechseln. Es besteht ein haarfeiner Unterschied zwischen einer Intuition des Himmels und einer Fantasievorstellung des Himmels. Eine Intuition ist eine nicht von uns herbeigeführte Offenbarung der Realität; Fantasie ist etwas, das wir uns ausmalen, also aus unserem persönlichen Bewusstsein heraus produzieren. Ich kann

Ihnen keine beschreibbare und zuverlässige Technik geben, das zu unterscheiden. Nur eine sehr wichtige Voraussetzung dazu: Stellen Sie sich auf Wahrheit ein, wenn Sie meditieren. Wenn Sie den alleinigen Wunsch haben, allem – still sitzend, atmend, lauschend, schauend – unbeirrbar und nüchtern auf den Grund zu gehen, bis Sie die Wahrheit gefunden haben, oder besser, bis die Wahrheit sich Ihnen offenbart, und wenn diese Einstellung echt und kompromisslos ist, dann wird sie Ihnen helfen, Fantasien von echter Intuition zu unterscheiden.

Wenn Sie in Ihrer Meditation unvermittelt Eindrücke gewinnen wie beispielsweise den, ein Teil der Sternenwelt zu sein oder ein von allen Einschränkungen und Fesseln befreites Lichtwesen oder so etwas wie ein Gesang, eine Musik – dann nehmen Sie diese Intuitionen ernst. Fühlen Sie sich tiefer in sie hinein. Lassen Sie sich von ihnen in eine andere Art, zu sein und zu fühlen, führen. Wie gesagt: Wenn Ihre Einstellung echt ist, werden auch diese Intuitionen echt sein.

Nehmen Sie sie ernst – aber nehmen Sie sie und sich selber bitte nicht wichtig. Swami Hariharananda Giri, der indische Nachfolger von Yogananda, sagte, als ein Schüler zu ihm kam und begeistert von Visionen der Engelwelt erzählte, die er in der Meditation gehabt hatte: »Vergiss es. Meditiere weiter.« Wahre Begegnungen mit der transzendentalen Realität hinterlassen Demut und Ehrfurcht. Falls Sie nach der Rückkehr in Ihr Alltagsbewusstsein die Tendenz in sich entdecken, stolz auf Ihre Meditationserlebnisse zu sein und sich damit zu brüsten, dann haben Sie bitte Verständnis dafür – es ist ein ganz natürliches, recht kindliches Bedürfnis, nämlich der Wunsch, etwas Besonderes und Bedeutendes zu sein. Wir können unser Herz dafür aufmachen, sollten uns aber nicht damit identifizieren. Anzugeben mit seinen Erlebnissen in höheren Welten ist der beste Beweis dafür, dass wir aus dem Bewusstsein der höheren Welten wieder herausgefallen sind, denn auf höheren Ebenen wissen wir um unsere Einheit mit allen anderen und haben keinen Sinn dafür, unsere Person hervorzuheben.

Die Intuition der Liebe

Wenn die Quelle fließt, wird alles um sie fruchtbar.

AUS: BERT HELLINGER: FINDEN, WAS WIRKT

Die Liebe hat ihre eigene Intuition. So wie Tiermütter instinktiv wissen, was für ihre Jungen gut ist, so wissen auch wir, was die, die wir lieben, von uns brauchen. Reine Liebe tut immer das Richtige. Aber welche Liebe ist schon rein in diesem Sinne? Unter »rein« verstehe ich Liebe, die wirklich den anderen meint, und nicht jene Liebe genannte Emotion, die man eher Abhängigkeit nennen sollte. Nicht, dass ich die selbstsüchtige Liebe, diese Emotion, aus der heraus man sagt: »Ich liebe dich«, während man doch in Wahrheit meint: »Du sollst mir gehören«, hier ver- oder überhaupt irgendwie beurteilen möchte. Es ist eine Emotion wie jede andere. Mit »rein« meine ich also hier kein moralisches Urteil. Sondern ich meine eine Liebe, die einfach nur Liebe zum Geliebten ist und keine Beimischung von eigenem Bedürfnis, Begehren, Besitzstreben oder Abhängigkeit hat – vergleichbar mit reinem Gold, das nicht mit anderen Metallen vermischt wurde.

Nur diese reine Liebe ist es, die automatisch immer das Richtige tut. Ich will versuchen, das zu erklären. Dabei greife ich auf Wissen zurück, das ich aus eigenen inneren Erfahrungen ableite, die sich mit denen der Meditierenden und Mystiker aller Religionen und Zeiten decken. Liebe liegt allem, was ist, zugrunde. Liebe ist die treibende Kraft des Universums. Aus Liebe sind wir entstanden, aus Liebe versorgt uns dieses Universum mit allem, was wir an Nahrung für unser Wachstum brauchen; aus Liebe ist die Schönheit der Natur entstanden; aus Liebe hat Gott uns – diesen individualisierten Teilen seiner selbst – einen freien Willen gegeben; und letztlich geschieht alles in diesem Universum aus Liebe.

Wir können uns dieser Liebe verschließen oder öffnen. In welchem Maße wir uns ihr öffnen können, hängt vor allem davon ab, wie viel Angst wir haben. Angst ist es, die uns verschlossen hält. Angst nun steckt auch hinter jeglicher emotionaler Abhängigkeit von einem anderen Menschen. Wenn wir sehr ängstlich sind, vielleicht weil wir schlimme oder gar traumatische Erfahrungen in unserer Kindheit gemacht haben, neigen wir dazu, uns der Liebe zu verschließen. Wir lassen dann nur wenig Liebe durch unser Herz zu anderen strömen (und auch zu uns selbst). Wir halten Liebe zurück, weil wir Angst haben, selber nicht genug zu bekommen. Anstatt einfach zu lieben, versuchen wir, so viel Liebe wie nur irgend möglich von anderen zu bekommen.

Nun: Diese Liebe, die die treibende Kraft des Universums ist, ist intelligent. Nehmen Sie Liebe und Intelligenz zusammen und Sie haben die grundlegenden Eigenschaften der Essenz der Welt, des Wesens, das sich als Universum verkörpert, oder Gottes. Letztlich sind Liebe und Intelligenz dasselbe, aber nur auf einer sehr hohen Ebene und für den Verstand kaum nachvollziehbar. Erkennen ist gleich Lieben. (Dieses Einssein von Intelligenz/Erkenntnis und Liebe findet sich in der alttestamentarischen Formulierung »Er erkannte sie«.) Wenn Sie sich vollkommen der Liebe öffnen, wird Ihr Handeln also stets von der höchsten Intelligenz geleitet sein, auch wenn Sie sich dessen nicht bewusst sind.

Ein wenig vereinfachend, aber schön ausgedrückt kann man sagen: Liebe besitzt ihre eigene Intelligenz. Wenn Sie aus Liebe handeln, können Sie niemals fehlgehen und niemals Schaden anrichten.

Aus Liebe zu handeln bedeutet auch, nicht auf Ergebnisse fixiert zu sein. Es kann durchaus geschehen, dass

Sie in einer bestimmten Beziehung aus Liebe das Beste geben und trotzdem eine persönliche Niederlage erleben. Wenn Ihr Antrieb tatsächlich reine Liebe war, werden Sie trotzdem diese Katastrophe, so schmerzlich sie auch sein mag, nicht als Niederlage empfinden. Sie haben Ihr Bestes gegeben, indem Sie das getan haben, was die Liebe von Ihnen verlangt hat, und das ist ein innerer Sieg, wie auch immer die äußeren Umstände sich gestalten oder die Mitmenschen reagieren mögen.

Allerdings, wie schon am Anfang dieses Kapitels gesagt, muss diese Liebe rein sein, ohne Beimischung anderer Motive. Nehmen wir ein einfaches Beispiel. Ihr Mann trägt gern abgewetzte, ausgebeulte und völlig veraltete Hosen. Sie wissen, dass er in moderneren und nicht ausgebeulten Hosen wesentlich attraktiver aussieht, und schenken ihm deshalb – aus Liebe, wie Sie meinen – zum Geburtstag eine teure und sehr schicke Hose. Ihr Geschenk löst keine große Freude aus. Ihr Mann fühlt sich nämlich in seinen ausgebeulten Hosen viel wohler. Wenn Sie nun in sich gehen und Ihr Motiv überprüfen, werden Sie vielleicht herausfinden, dass Sie die teure Hose nicht aus Liebe zu Ihrem Mann gekauft haben, sondern weil Sie sich schämen, wenn der Mann an Ihrer Seite ausgebeulte Hosen trägt. Oder umgekehrt: der Ehemann, der seiner Frau zu Weihnachten eine neue Küchenmaschine schenkt. »Freust du dich denn gar nicht? Wo ich doch so viel Geld für dich ausgegeben habe?« Nein, sie freut sich nicht besonders, schließlich ist es ihre gemeinsame Küche, in der sie ihre gemeinsamen Mahlzeiten zubereitet, und sie hätte sich viel mehr gefreut, wenn er ihr Ohrringe geschenkt hätte, die ein Geschenk für sie allein gewesen wären, die sie als Zeichen seiner Wertschätzung ihrer selbst empfunden hätte und nicht ihrer Funktion als Köchin. Wenn er sehr ehrlich sein Motiv überprüft, wird er vielleicht herausfinden, dass es nicht Liebe zu ihr war, die ihn zum Kauf der Maschine bewogen hat, sondern eher so etwas wie eine Beschwichtigung seines Gewissens, das ihn manchmal mahnt, sich stärker in der Küche zu engagieren.

Das sind natürlich einfache Beispiele. Aber genauso funktioniert es auch bei den komplexeren Problemen unseres Lebens und unserer Beziehungen. Meistens ist viel Beimischung in unserer Liebe enthalten. Übrigens meine ich hier mit »reiner« Liebe nicht ausschließlich platonische und aufopferungsvolle Nächstenliebe, aus der heraus man notfalls über die eigene Leiche geht. Nein, ich meine Liebe in jedem Sinne; auch die Liebe zwischen Mann und Frau, zu der Verlangen und Sehnsucht nach Nähe ebenso gehören wie selbstlose und aufopferungsvolle Liebe. Auch diese Liebe ist rein, wenn sie nicht mit Elementen vermischt wird, die nicht zur Liebe gehören. Wenn Sie ein normaler Mensch sind, wird auch die reinste Liebe in Ihrem Leben immer noch ein wenig Beimischung enthalten. Wenn wir die Liebe lieben, können wir nach und nach diese Beimischungen entfernen. Gewisse Beziehungen zwingen uns sogar dazu, da der Partner oder die Partnerin uns ein unbarmherziges Feedback gibt auf alles, was nicht reiner Liebe entspringt.

Das Entfernen dieser Beimischungen beginnt mit einer ständigen Überprüfung unserer Motive: »Warum tue ich das? Was bezwecke ich in Wahrheit damit?« Diese Überprüfung muss mitfühlend und verständnisvoll vorgenommen werden. Denn unsere wahren Motive verstecken sich – mit Recht –, wenn sie wissen, dass sie nicht geachtet werden. Wir müssen uns deshalb vor Augen halten, dass alles, was in uns existiert, seinen guten Grund hat zu existieren, auch wenn wir es nicht auf Anhieb verstehen. Hinter »selbstsüchtigen« Motiven entdecken wir letztlich immer ganz unschuldige Gefühle, wenn wir so lange mit den Augen unseres Herzens – den

Augen von Mitgefühl und Verständnis – hinschauen, bis wir unseren Motiven auf den Grund gegangen sind. Wenn wir hinter einer vermeintlich liebevollen Handlung oder Äußerung, die wir getan haben, durch eine solche ehrliche Selbstprüfung ein egoistisches Motiv gefunden haben, dann können wir dieses Motiv so lange hinterfragen, bis wir die zugrunde liegende Emotion von Angst oder Mangel gefunden haben, für die wir mit Erbarmen und Verständnis unser Herz öffnen können.

Das ist die Art, wie man die Liebe zu einem anderen Menschen von der Beimischung selbstbezogener Emotionen, die mit dem geliebten Menschen nichts zu tun haben, befreien und sich der Liebe öffnen kann, die stets weiß, was gebraucht wird.

Die Intuition der Schönheit

Schönheit ist das, was die Aufmerksamkeit deiner Seele auf sich zieht, und das, was mit Freuden gibt, ohne etwas dafür zu verlangen. Wenn du die Schönheit triffst, wirst du fühlen, dass sich in deinem Innern die Hände weit vorstrecken, um sie in dein Herz einzulassen. Sie ist eine Kostbarkeit, in der Freude und Leid vereint sind … Sie ist das Allerheiligste, das seinen Beginn in dir hat und jenseits deines irdischen Erscheinens endet.

AUS: KHALIL GIBRAN, VOR DEM THRON DER SCHÖNHEIT

Schönheit gehört zur Grundnatur des Universums. Alles, was vollkommen natürlich ist – was vollkommen seiner Natur folgt –, ist schön. Schönheit liegt auf dem Grunde des menschlichen Wesens, was man leicht erkennen kann, wenn man Menschen tief ins Herz schaut. Hinter allem liegt letztlich, manchmal tief im Herzen verborgen, Schönheit. Schönheit offenbart sich in dem, was wir die Natur nennen – im Planeten Erde mit seinen Ozeanen und Urwäldern, mit seinen Wüsten und Gletschern, mit seinen Blumen und Schmetterlingen, Tigern und Stachelschweinen, Libellen und Gorillas, mit weißen Wolken am blauen Himmel, mit Wasserfällen und wilden Schluchten, mit Heidekraut und Ginster, mit Gold und Kristallen und Edelsteinen, mit Sonnenuntergängen am Meer, blumenübersäten Bergwiesen im Sommer und dem nächtlichen Sternenhimmel.

Wir haben ein Gespür für Schönheit. Es ist das Gespür für unsere ursprüngliche Natur. Es ist die Intuition der Schönheit. Dieses Gespür lässt uns Schönheit ahnen oder erkennen. Schönheit berührt verschiedene Menschen durch verschiedene Formen. Der eine ist tief berührt von einem Sonnenuntergang in den Bergen, der andere vom Flachland am Meer; der eine sieht Schönheit in einer Frau mit langem, blondem Engelshaar, der andere in einer temperamentvollen Schwarzhaarigen; wieder ein anderer lässt sich von der äußeren Erscheinung überhaupt nicht beeindrucken, sondern sieht Schönheit im Ausdruck der Augen, im Lächeln, in der Art, sich zu bewegen; und ein Vierter sieht auch durch das hindurch und wird nur von der Schönheit berührt, die durch das Wesen und die Handlungen der Person in Erscheinung tritt. Für ihn war vielleicht Mutter Teresa der schönste Mensch der Welt.

Unser Gespür, unsere Intuition für Schönheit sitzt im Herzen. Man könnte sagen, es ist eine offene Stelle in unserem Herzen; auch wenn wir unser Herz noch so sorgfältig verschlossen haben, diese eine offene Stelle hat jedes Herz. Es ist sein Gefühl, seine Intuition für Schönheit; es ist die Stelle, an der auch das verschlossenste Herz berührbar ist, sozusagen die Achillesferse des Herzens.

Ein Mensch, der von Menschen sehr enttäuscht ist und sein Herz deshalb allem, was Mensch ist, verschlossen hat, hat vielleicht ein offenes Herz für seinen Hund oder seine Katze; hier, in diesen Wesen, die so ganz und gar sie selbst, ganz unverstellt und ehrlich sind, kann er Schönheit noch erkennen.

Diesem Gespür für Schönheit zu folgen ist keine schlechte Leitlinie durchs Leben. Es ist nicht dieselbe Art von Intuition wie die, von der bisher die Rede war; es ist die Intuition der Schönheit, die im Herzen angesiedelt ist. Lassen wir uns von ihr führen, so gehen wir immer dorthin, wo unser Herz berührt ist (denn hinter allem, was unser Herz berührt, ist Schönheit). Wenn wir so leben, leben wir ein Leben der größtmöglichen Schönheit, der größtmöglichen Tiefe, der größtmöglichen Liebe. Vielleicht entgegen jeglicher Vernunft (aber nicht grundsätzlich!), aber immer mit Herz. Sie kennen sicher den Text von Khalil Gibran über die Liebe? Es ist sicher nicht ganz dasselbe Thema gemeint, aber es weist in dieselbe Richtung.

»Wenn die Liebe dir winkt, folge ihr, sind ihre Wege auch schwer und steil ...«[27]

Wohin führt es uns, wenn wir diesem Weg folgen? Es führt uns auf jeden Fall fort von unseren vom linearen Verstand geprägten Fragen: »Was ist der richtige Weg? Ist dies falsch oder richtig? Wie kann ich dies erreichen, jenes verhindern?«

Man folgt seinem eigenen Herzen. Ich glaube, wenn man das tut, geht man immer dorthin, wo das Leben die größte Möglichkeit von Erfüllung für sich sieht (nicht für unsere Pläne, sondern für sich, das kann möglicherweise ein Unterschied sein). Es gibt keine Landkarten für diesen Weg. Es gibt nichts Vorgezeichnetes, denn jede Reise ist einmalig. Der einzige Wegweiser ist das eigene Herz. Wie Carlos Castanedas Lehrer, der Schamane Juan Matus, sagte: »Gehe immer den Weg mit Herz.«

Was aber ist in Zeiten, da nichts in unserem Leben unser Herz zu berühren scheint? Im grauen, tristen Alltag, in einer Welt der Banalitäten?

Wenn wir uns nach Schönheit sehnen und sozusagen ihren Ruf in unserem Leben vermissen, müssen wir ihr ein Stück entgegengehen. Vielleicht müssen Sie den Fernseher abschalten und stattdessen spazieren gehen, Musik von Mozart hören oder Ihren alten Gedichtband hervorholen. Vielleicht müssen Sie die Gemeinschaft von Menschen suchen, die Ihr Herz berühren: Menschen, die Sie gern haben, oder Menschen, mit denen Sie ein gemeinsames Ideal verbindet. Vielleicht müssen Sie, allein oder mit anderen zusammen, meditieren, beten, singen oder Musik machen. Vielleicht müssen Sie sich in die Natur begeben. Vielleicht müssen Sie irgendetwas an Ihrem Leben ändern, damit Schönheit Sie wieder erreichen kann.

Wenn Sie das Gefühl haben, dass Ihr Leben grau und banal ist und Schönheit darin fehlt, dann setzen Sie sich hin und erinnern Sie sich an Momente von Schönheit in Ihrem Leben, an Momente, in denen Ihr Herz weit offen war (ganz gleich, ob sie mit Schmerz oder mit Freude einhergingen). Lassen Sie Ihr Herz von diesen Erinnerungen berührt sein. Fragen Sie Ihr Herz, welche Art von Nahrung es jetzt in Ihrem Leben braucht. Vielleicht antwortet es sofort mit Gedanken oder Bildern; vielleicht antwortet es dadurch, dass eine Sehnsucht auftaucht oder wieder erweckt wird. Folgen Sie dieser Sehnsucht. Es ist die Intuition der Schönheit. Es ist die Intuition, die Ihrem tiefsten Wesen, Ihrer Seele, entspringt. Ganz gleich, was Sie erwartet und wie sich das aus der Perspektive des Verstandesdenkens ausmacht: Hier finden Sie immer etwas, was die Seele zu ihrer Erfüllung wünscht.

Sie sehen, wir haben hier die Ebene und damit die Atmosphäre und die Sprache gewechselt. Bisher war dies ein Buch, in dem von einer Intuition die Rede war, die aus der Sphäre des Geistes kam und die Sphäre des Verstandes betrat – als Gefühl, Eingebung, Gedanke, Erkenntnis darüber, was der nächste Schritt ist, worum es geht, was zu tun sei.

In diesem Kapitel nun geht es um die Seele; um eine Realität tief im Innern unserer selbst, die nicht durch den Verstand, sondern durch das Herz zu uns spricht. Es ist eine andere Art der Wahrnehmung, der Einstellung, es ist, wenn man so will, eine andere Welt. Nicht, dass Seele und Geist zwei grundsätzlich verschiedene Dinge wären; es sind zwei Aspekte unseres tieferen Wesens, unserer Wesenheit, die auf ähnliche Weise verschieden sind wie Mann und Frau oder das Weibliche und das Männliche. Wir betreten hier die Welt des archetypisch Weiblichen. Hier ist unser Verstand rettungslos verloren; hier gibt es nichts, woran er sich festhalten kann; während unser

Herz und unsere tiefinnerste Intuition – die Ahnung des eigentlichen Wesens der Realität – sich in ihrem Element fühlen. »Seelenmenschen« werden es leicht haben, sich in dieser Welt zurechtzufinden, »Geistesmenschen« werden sich eher schwer tun mit diesem Kapitel[28].

Die Seele ist Schönheit und sucht Schönheit zu verwirklichen. Ihr geht es nicht darum, dass die Dinge leicht und so glatt verlaufen, sie kennt auch kein Falsch und kein Richtig; sie trachtet nur danach, Schönheit zu verwirklichen. Ob dieses Verwirklichen von Schönheit dem persönlichen Bewusstsein in einem gegebenen Moment angenehm oder unangenehm erscheint, ob es mit Schmerz oder mit Freude darauf reagiert, ist nicht das Kriterium, das für das Streben der Seele ausschlaggebend ist. Die Freude der Seele ist von einer anderen Art als die Fröhlichkeit der persönlichen Emotion. Die Freude der Seele leuchtet immer dann hell auf, wenn der Mensch eine Entscheidung trifft, die der Seele ermöglicht, ihre Schönheit zu verwirklichen; immer dann, wenn das Herz sich öffnet und ein Wesen von einem anderen Wesen erkannt wird; immer dann, wenn Manifestation einer Sehnsucht der Seele geschieht.

Wenn wir unsere innere Intuition (damit meine ich die Intuition, die uns auf unserer Reise nach innen, bei der Meditation, führt) nutzen wollen, um uns in die Sphäre der Seele – statt in die des Geistes – zu begeben, dann müssen wir die Reise in unserem Herzen beginnen. Nur in Momenten, in denen unser Herz berührt ist – von Schönheit berührt –, steht das Tor zur Seele in uns offen. Wenn wir dieses Berührtsein ganz und gar zulassen können, so sehr, dass es sich zu Rausch und Ekstase steigert (kein Rausch, in dem wir den Kopf verlieren und in Raserei geraten, sondern ein Rausch, der dadurch entsteht, dass wir etwas, das unser Herz berührt, zur Gänze zulassen), und uns auf den Flügeln dieser Verzückung emportragen lassen, dann bewegen wir uns auf die Gefilde der Seele zu. Hier herrscht die Ekstase des vollen Fühlens, des vollen Seins, bewegt von der mächtigen Kraft der Sehnsucht und erfüllt von Visionen noch ungeborener Schönheit. Hier ist die Sphäre, wo große Musik oder Dichtung ihren Ursprung haben. Hier geht es nicht um Erkenntnis; hier geht es um Sein. Erkennen ist hier anderer Art: Erkennen ist Liebe und Verzückung.

Berauscht kehren wir von dieser Reise zurück in das, was uns ein Alltagsleben zu sein schien und von dem wir nun fühlen, dass es in Wahrheit ein grandioses Abenteuer ist; eine einmalige Gelegenheit, etwas von unserem tiefinneren Sein, von der erfüllten Glückseligkeit, die sich danach sehnt, überzufließen in die Manifestation, zu verwirklichen.

Hier können wir aufhören, über das Leben nachzudenken, und anfangen, es zu leben.

Wir müssen nicht tief in uns schürfen, um diese Sphären zu finden. Wir müssen nur unserem Herzen erlauben, sich berühren zu lassen – und diesem Berührtsein nachgeben und nachgehen. Es ist leicht, denn das Herz sehnt sich danach, berührt zu werden. Und wie gesagt: Wie verschlossen es auch sei – eine offene Tür hat es immer. Diese offene Tür ist unsere Intuition der Schönheit. Unsere wunde Stelle. Der Ort, an dem unser Herz trotz aller Mauern doch berührbar ist. Vielleicht ist das zugleich der Ort unserer größten Angst. Aber wenn wir unsere Seele mehr lieben als unsere Angst, dann wird es uns unwiderstehlich doch dorthin ziehen, wo dasjenige wartet, was unser Herz berühren kann.

Wir müssen, wenigstens für Augenblicke, in der Lage sein, alle Sorgen, alle Überlegungen, überhaupt alles, was unseren gedanklichen inneren Kosmos beschäftigt, über Bord zu werfen, zur Seite zu schieben, loszulassen, zu vergessen, um uns in das Abenteuer der Liebe, der

Schönheit, der Verzückung, des Berauschtseins, des Berührtseins, des Mitgefühls, der Lebendigkeit des Augenblicks, der Größe des Lebens hineinzustürzen.

Nichts ist so groß, dass nicht das Leben noch unendlich viel größer wäre. Nichts ist so bedeutsam in dieser Welt oder in der Welt unserer Gedanken, dass es nicht neben der gewaltigen Größe, dem Ehrfurcht gebietenden Mysterium der Seele, zur Bedeutungslosigkeit schrumpfen würde.

Anmerkungen

1 Ein Begriff aus »Liebe ist mehr als ein Gefühl«. (Alle in Fußnoten aufgeführten Bücher finden Sie im Literaturverzeichnis.)

2 Ein Begriff aus »Neues Wissen, neues Denken für eine bessere Zukunft«.

3 Falls Sie sich dafür interessieren, Ihre paranormale Wahrnehmungsfähigkeit zu trainieren, empehle ich Judith Orloffs Buch »Jenseits der Angst«.

4 Ich bitte den interessierten Leser, von Anfragen bezüglich Einzelsitzungen Abstand zu nehmen. Ich gebe keine. Ich habe stattdessen eine Reihe von Büchern geschrieben, in denen intuitives Wissen als Antwort auf alle möglichen Fragen niedergelegt ist (»Liebe ist mehr als ein Gefühl«, »Neues Wissen, neues Denken«, »Führung durch Intuition«, »Die Stimme des Herzens«), sowie einige Arbeitsbücher, die den Leser in die Lage versetzen, seinen eigenen Kontakt zum inneren Wissen zu stärken, darunter vor allem das vorliegende Buch und »Ihr höheres Selbst«. Seminare gebe ich allerdings. Anfragen bitte über den Verlag.

5 Siehe Carlos Castaneda, »Tensegrity« .

6 Zu Letzterem: Charlotte Joko Beck, »Zen im Alltag« .

7 Aus: »Den Weg des Herzens gehen«.

8 Diesen Namen gab Max Freedom Long (siehe sein Buch »Kahuna-Magie«) unserem Unterbewusstsein oder »niederen Selbst« (weil in der Luftfahrt der automatische Pilot »George« hieß).

9 Das Buch ist leider vergriffen. Angaben siehe Literaturverzeichnis.

10 Bücher von Richard Moss siehe Literaturverzeichnis.

11 Prentice Mulford, »Unfug des Lebens und des Sterbens«; Safi Nidiaye, »Vertrauen ins Leben. Das Prentice-Mulford-Arbeitsbuch« .

12 Bücher siehe Literaturverzeichnis.

13 Siehe hierzu: John Bradshaw, »Das Kind in uns«.

14 Ein von Safi Nidiaye im Zusammenwirken mit anderen

Autoren »kanalisiertes« Buch über »Die entscheidende Wende im Management« (Untertitel).

15 Prentice Mulford, »Unfug des Lebens und des Sterbens«.

16 Empfehlung von Patricia Garfield, »Kreativ träumen« (von mir erfolgreich ausprobiert).

17 Siehe Carlos Castaneda, »Tensegrity«.

18 Jane Roberts, »Die Natur der persönlichen Realität«.

19 Aus: Carlos Castaneda, »Der Ring der Kraft«.

20 Dieses Kapitel und das folgende formulierte sich in Wir-Form. Die Quelle dieses intuitiven Wissens, das höhere Selbst, will durch diese Formulierung andeuten, dass hier nicht das persönliche Ich der Autorin spricht, sondern eine transpersonale Ebene ihres Bewusstseins, auf der eher Verbundenheit herrscht als individuelle Abgegrenztheit.

21 Siehe Carlos Castaneda, »Tensegrity«.

22 Siehe Gabrielle Roth, »Das befreite Herz«.

23 »Den Weg des Herzens gehen«.

24 Aus: Richard Moss, »Der schwarze Schmetterling«.

25 In: Safi Nidiaye u. a., »Führung durch Intuition«.

26 Wer sich näher für die Realität höherer Ebenen interessiert, dem empfehle ich die beiden Bücher von Pir Vilayat Inayat Khan, »Der Ruf des Derwisch« und »Das, was durchscheint durch das, was erscheint« (letzteres ist nur für fortgeschrittene Meditierer geeignet), und von meinen eigenen Büchern vor allem »Den Weg des Herzens gehen« (wegen der darin enthaltenen Durchgaben von höheren Ebenen) und »Ihr höheres Selbst«.

27 Khalil Gibran, »Der Prophet«. Wenn die Stimmung und Schwingung dieses Kapitels »Die Intuition der Schönheit« Sie berührt, empfehle ich als weitere Lektüre die Werke von Hazrat Inayat Khan (zum Beispiel »Das Erwachen des menschlichen Geistes«), die weiteren Bücher von Khalil Gibran und mein Buch »Die Stimme des Herzens«.

28 Dieses Kapitel ist übrigens, um es im Sinne der Thematik dieses Buches zu erläutern, nicht ganz auf dieselbe Weise zustande gekommen wie der Rest des Buches. Es ist keine Niederschrift von Erfahrungswissen, auch nicht von intuitivem Wissen, aber es ist inspiriert vom Glanz der höheren Ebenen,

von denen es handelt, ebenso wie mein Buch »Die Stimme des Herzens« (im Unterschied zu den sachlichen Arbeitsbüchern wie »Das Tao des Herzens« auf der einen und den reinen Durchgaben inneren Wissens wie »Liebe ist mehr als ein Gefühl« auf der anderen Seite).

Quellen- und Literaturhinweise

Beck, Charlotte Joko: Zen im Alltag. Droemer-Knaur, München 1990

Bradshaw, John: Das Kind in uns. Droemer-Knaur, München 1992

Castaneda, Carlos: Tensegrity. Die magischen Bewegungen der Zauberer. S. Fischer, Frankfurt 1998

Castaneda, Carlos: Die Kraft der Stille. S. Fischer, Frankfurt 1988

Castaneda, Carlos: Der Ring der Kraft. S. Fischer, Frankfurt 1976

Castaneda, Carlos: Reise nach Ixtlan. S. Fischer, Frankfurt 1975

Castaneda, Carlos: Eine andere Wirklichkeit. S. Fischer, Frankfurt 1973

Deida, David: Der Weg des Mannes. Droemer-Knaur, München 1997

Garfield, Patricia: Kreativ träumen, Ansata Verlag, München 1993

Gibran, Khalil: Vor dem Thron der Schönheit. Heyne, München 1995

Gibran, Khalil: Der Prophet. Walter Verlag, Olten 1973

Goldberg, Natalie: Der Weg des Schreibens. Droemer-Knaur, München 1991

Hanh, Thich Nhat: Ein Lotos erblüht im Herzen. Goldmann, München 1992

Hellinger, Bert: Die Mitte fühlt sich leicht an. Kösel, München 1996

Hellinger, Bert: Finden, was wirkt. Therapeutische Briefe. Kösel, München 1993

Khan, Hazrat Inayat: Das Erwachen des menschlichen Geistes. Synthesis, Essen 1982

Khan, Pir Vilayat Inayat: Der Ruf des Derwisch. Synthesis, Essen 1982

Khan, Pir Vilayat Inayat: Das, was durchscheint durch das, was erscheint. Edition Nada, Bad Bevensen 1998

Long, Max Freedom: Kahuna-Magie. Bauer, Freiburg 1995, 11. Aufl. 2000

Moss, Richard: Krankheit – Tor zur Wandlung. Ansata, Interlaken 1988

Moss, Richard: Der schwarze Schmetterling. Zu den Wurzeln wahrer Lebendigkeit. Ansata, Interlaken 1989

Moss, Richard: Das zweite Wunder. Wie wir das Geschenk des

Ich-Bewusstseins annehmen und uns zur Höhe des All-Bewusstseins entwickeln. Ansata Verlag 1977
Mulford, Prentice: Unfug des Lebens und des Sterbens. S. Fischer, Frankfurt 1977
Nidiaye, Safi: Vertrauen ins Leben. Das Prentice-Mulford-Arbeitsbuch. Heyne, München 1998
Nidiaye, Safi: Den Weg des Herzens gehen. Heyne, München 1996
Nidiaye, Safi: Amixipi. Ein Einweihungsbuch. Heyne-Ausgabe vergriffen. Vorübergehend bei Books on Demand.
Nidiaye, Safi: Liebe ist mehr als ein Gefühl. Ariston, Genf 1990
Nidiaye, Safi: Die Stimme des Herzens. Lübbe, Bergisch-Gladbach 1998
Nidiaye, Safi u. a.: Führung durch Intuition. Die entscheidende Wende im Management. Ariston, Kreuzlingen 1997
Nidiaye, Safi: Ihr höheres Selbst. Ariston, Kreuzlingen 1996
Nidiaye, Safi: Neues Wissen, neues Denken für eine bessere Zukunft. Der Mensch im anbrechenden Zeitalter. Ariston, Genf 1993.
Nidiaye, Safi: Meditation löst Lebensprobleme. Ariston, Genf 1994
Nidiaye, Safi: Magisch Reisen Portugal. Goldmann, München 1992
Nidiaye, Safi: Liebe, Leben, Partnerschaft. Anworten aus einer höheren Dimension. (Audiokassetten mit Trance-Vorträgen.) Ariston, Genf 1993
Orloff, Judith: Jenseits der Angst. Die außersinnlichen Fähigkeiten entdecken und damit leben. Heyne, München 1997
Orsborn, Carol: Alles klar bei Sonnenuntergang. Bauer, Freiburg 1997
Pearson, L. & L.: Psycho-Diät. Hoffmann & Campe, Hamburg 1975 (vergriffen)
Roberts, Jane: Die Natur der persönlichen Realität. Ariston, Genf 1985
Roberts, Jane: Das Seth-Material. Ariston, Genf 1986
Roth, Gabrielle: Das befreite Herz. Heyne, München 1990
Walsch, Neale Donald: Gespräche mit Gott. Goldmann, München 1997
Wilde, Stuart: Geld: fließende Energie. Der Schlüssel zu Geld und Reichtum. Hugendubel, München 1996

Louise L. Hay

Lust am Leben

Eine Auswahl:

Gesundheit für Körper und Seele
13/9828

Wahre Kraft kommt von Innen
13/9827

Die Kraft einer Frau
13/9825

Buch der Hoffnung
13/9860

Du selbst bist die Antwort
13/9849

Leben mit Louise L. Hay
13/9838

Das große Buch der heilenden Gedanken
13/9898

Das Leben lieben
13/9821

Die innere Ruhe finden
13/9933

13/9898

HEYNE

Osho

Die Bücher des lachenden Meisters

Autobiographie eines spirituellen Provokateurs
13/9964

Frauen
Die Quelle der weiblichen Kraft
13/9711

Männer
Die Krise als Chance nutzen
13/9780

Ego
Von der Illusion zur Freiheit
13/9820

Intuition
Einsichten jenseits des Verstandes
13/9945

Heilung
Von der Medizin zur Meditation
13/9947

Reife
Sei, was du bist
13/9935

Mut
Lebe wild und gefährlich
13/9865

13/9945

HEYNE